Bruno Mugnai - Alberto Secco

LA GUERRA DI CANDIA 1645-69
VOLUME 2: LE CAMPAGNE SUL MARE

THE WAR OF CANDIA - VOL.2 CAMPAIGNS ON THE SEA

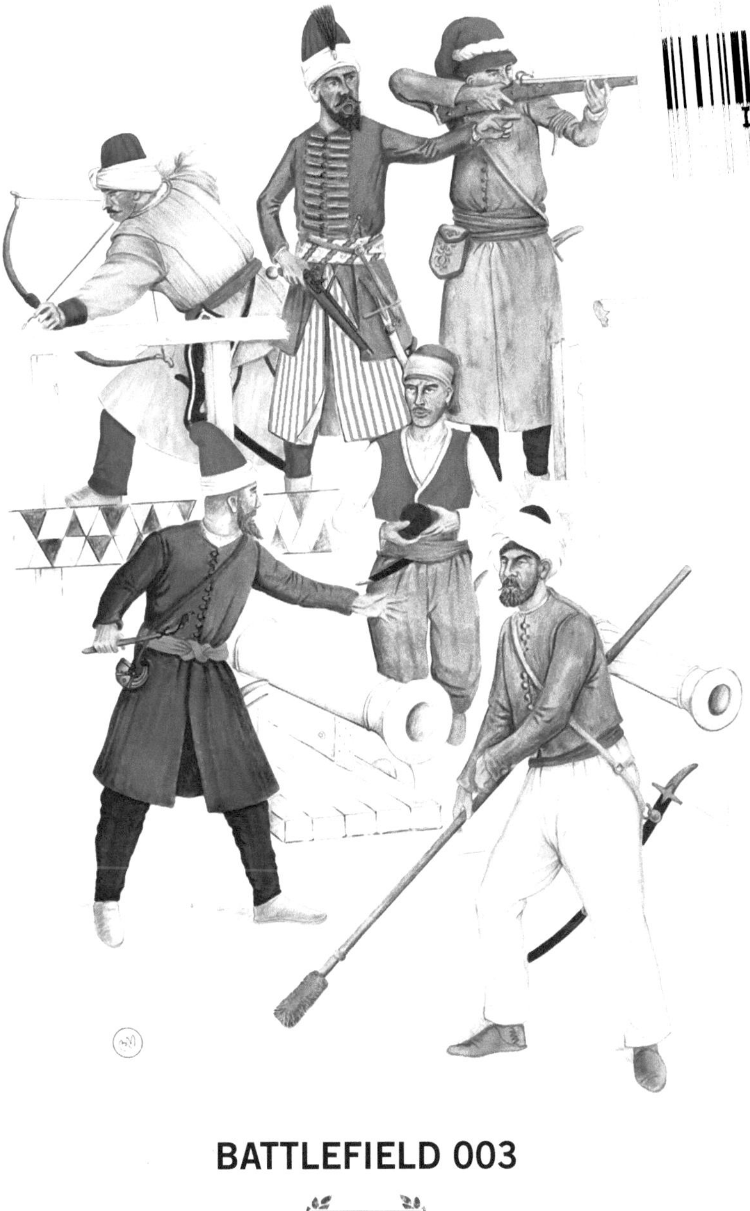

BATTLEFIELD 003

AUTORI - AUTHORS:

Bruno Mugnai è nato a Firenze nel 1962 e ci vive con Silvia, Chiara ed Eugenio. Appassionato di storia militare fin da giovanissimo, ha pubblicato due libri sull'esercito ottomano dal 1645 al 1718; è inoltre autore di saggi sulle campagne italiane della guerra di Successione Spagnola e di articoli di uniformologia e storia militare del Seicento e del Settecento. Ha pubblicato per l'Ufficio Storico dell'esercito italiano una monografia sulle istituzioni militari dello stato di Lucca nell'Ottocento e per lo stesso editore ha completato un analogo contributo sull'esercito del granducato di Toscana dal 1737 al 1799. Con Luca Cristini ha collaborato alle illustrazioni dei due volumi dedicati alla guerra dei Trent'anni e alla realizzazione di diversi titoli della serie Soldiershop.

Bruno Mugnai was born in 1962 in Florence, where lives with Silvia, Chiara and Eugenio. Military enthusiast since his youth, he has published two volumes on the Ottoman Army and he is author of several works concerning the Italian campaigns of the Spanish Succession War and uniformology articles about 17th and 18th century's warfare. He has written a book for the Army Historical Office of the Italian Army on the State of Lucca soldiers in the 19th century and another one on the army of Granduchy of Toscany in the18th century. With Luca Cristini he has collaborated as illustrator for the books 'the Thirty Years War' and as author of several Soldiershop titles.

Alberto Secco, è nato a Venezia nel 1959, si è laureato in Fisica ed è Membro ordinario dell'ISTIAEN (istituto italiano di archeologia e etnologia navale); i suoi interessi storici vertono sulla storia militare della Repubblica di Venezia, sulla quale ha pubblicato diversi articoli su riviste specializzate.

Alberto Secco was born in 1959 in Venice, he has a degree in Physics an he is member of the ISTIAEN (Italian Institute of Naval Archeology and Ethnology); his historical interests concern the military history of the Republic of Venice, on which he has published several articles in refereed journals.

RINGRAZIAMENTI E NOTE EDITORIALI - PUBLISHING'S NOTE

Gli autori ringraziano il dott. Ciro Paoletti e il signor Gianfranco Marzin per l'importante aiuto offerto nella stesura di quest'opera.
Un ringraziamento speciale va al dott. Jacopo Marcello per la cortese disponibilità offerta nella ricerca del repertorio iconografico.

Tutto il contenuto dei nostri libri, in qualsiasi forma prodotti (cartacei, elettronici o altro) è copyright di Soldiershop.com. I diritti di traduzione, riproduzione, memorizzazione con qualsiasi mezzo, digitale, fotografico, fotocopie ecc. sono riservati per tutti i Paesi. Nessuna delle immagini presenti nei nostri libri può essere riprodotta senza il permesso scritto di Soldiershop.com. L'Editore rimane a disposizione degli eventuali aventi diritto per tutte le fonti iconografiche dubbie o non identificate. I marchi Soldiershop Publishing ©, e i nomi delle nostre collane - Soldiers&Weapons, Battlefield e War in Colour sono di proprietà di Soldiershop.com; di conseguenza qualsiasi uso esterno non è consentito.

None of images or text of our book may be reproduced in any format without the expressed written permission of Soldiershop.com. The publisher remains to disposition of the possible having right for all the doubtful sources images or not identifies. Our trademark: Soldiershop Publishing ©, The names of our series: Soldiers&Weapons, Battlefield, War in colour, PaperSoldiers, Soldiershop e-book etc. are herein © by Soldiershop.com.

BATTLEFIELD

BattleField, è la collana che analizza i campi di battaglia dal punto di vista "oggi e allora" Offrendo prospettive inedite ed interessanti per lo studio degli scontri principali della storia attraverso armi, uniformi e mappe storiche di eserciti e soldati impegnate nelle più famose campagne militari. La collana è caratterizzata da una linea di colore rosso sulla copertina.

▶ **La battaglia navale di Fochies** (od. Foça in Turchia), combattuta fra le flotte veneziana e turca il 12 maggio 1649, in una stampa tedesca del XVII secolo. (Archivio privato)
The naval battle of Fochies (Foça in Turkey), fought by Venetian and Turkish fleets on May 12, 1649, in a 17 century German print.

ISBN: 978-88-96519-54-7   1a edizione: Marzo , 2012
Titolo: **La Guerra di Candia 1645-1669. Volume 2: Le campagne sul mare (BattleField 003)** by Bruno Mugnai e Alberto Secco.
Editor: SOLDIERSHOP PUBLISHING. Cover & Art Design: Luca S. Cristini. Illustrazioni a colori by Bruno Mugnai.

In copertina : *Levend topçubasi*: (ufficiale dell'artiglieria navale) e *levend*, fante di marina anatolico 1650-69
Printing by/Stampato da ColorArt di Rodengo Saiano (BS) Italy.

PREFAZIONE - PREFACE

Il conflitto turco-veneziano del 1645-69 segna un punto di passaggio di grande importanza nella storia europea. La conquista dell'isola da parte del sultano non solo modificò la storia del Mediterraneo orientale, ma restituì alla Sublime Porta la fiducia nei propri mezzi offensivi e aprì nuove vie alla sua politica espansionistica, concretizzatasi nella sfida sotto le mura di Vienna, evento considerato come l'estremo sforzo organizzativo dell'apparato da guerra turco, insuperbito dalla vittoria conseguita in una lotta lunga e complessa come era stata quella per Candia. Visto in questa prospettiva il conflitto cretese appare come una specie di prova generale delle successive campagne contro gli stati cristiani, alterandone il significato specifico e condizionando il punto di vista di certa storiografia. Anche per quanto riguarda i mezzi impiegati e lo sviluppo tecnico degli armamenti il fatto che il conflitto opponesse due stati ormai in irreversibile crisi, ha insinuato il sospetto che la scarsità di innovazioni dipendesse dallo stato di prostrazione e di arretratezza tecnologica delle parti in lotta. Tutto ciò ruota intorno alla questione navale, ovvero alla duratura coesistenza della vela e del remo, tanto che - ancora oggi - resiste la convinzione secondo cui il rilevante impiego delle unità a remi, a scapito dei moderni vascelli di linea, rappresenterebbe il segno più evidente del ritardo tecnologico dei due contendenti. Questo assunto è ribadito anche da storici di grande fama ed è diventato un luogo comune difficile da sradicare. Per meglio spiegare la filogenesi del progresso navale, si applica all'evoluzione remo, vela, vapore, un criterio darwiniano; ragion per cui il prolungato ricorso alla voga non può che essere la prova più evidente dell'obsoleta tecnologia veneziana e turca. In realtà, come sostiene a ragione Luca Lo Basso, nel mondo della marineria le questioni sono assai meno rigide e più complesse di quanto appaiono: "Ogni tipo di propulsione ha avuto una sua importanza e utilità in rapporto agli scenari nella quale è stata utilizzata, ai suoi costi e alla sua efficacia". Come si può facilmente capire anche attraverso le vicende trattate in questo breve saggio, l'impiego delle diverse tipologie di imbarcazioni e l'uso combinato delle stesse, fino a livelli di cooperazione che non saranno mai raggiunti da nessun'altra potenza marittima, mostrano uno scenario molto distante da quello desolato e privo di innovazioni propagandato per anni.

Altrettanto importante è stata la decisione degli autori di mantenere il punto di vista di entrambi i contendenti; scelta non così scontata come potrebbe apparire a prima vista. Lo storico John Stoye nel primo capitolo del suo libro sull'assedio di Vienna scrive non a caso che la storia dell'Impero Ottomano nel Seicento attende ancora di essere scritta, nonostante i tentativi eroici di alcuni storici. Negli archivi turchi rimane da sondare un'enorme quantità di materiale documentario e in ogni caso la tradizione culturale e politica della Porta non rendeva inclini funzionari e dignitari a redigere documenti di stato e istruzioni diplomatiche sul modello occidentale; oppure a scrivere memorie per giustificare o spiegare le loro azioni, così che certi episodi e decisioni sembrano scaturire da un contesto misterioso e ambiguo. Anche uomini di cultura ottomani più legati al mondo occidentale, che a volte accompagnarono gli eserciti turchi nelle loro campagne, hanno consegnato alla carta solo succinti resoconti degli eventi a cui hanno assistito. Eppure nessuno come loro si trovava nella posizione ideale per osservare e giudicare il corso segreto della politica di Istanbul.

Un ultimo aspetto messo in luce dagli autori è la straordinaria varietà di nazionalità coinvolte dalla guerra, non solo fra i soldati ma pure fra i marinai. L'impero degli ottomani era per sua stessa definizione uno stato multietnico, mentre il ruolo dominante di Venezia ha fatto credere che esistesse un predominio assoluto dell'elemento locale, come certi personaggi hanno fatto credere negli ultimi anni propagandando il mito di uno stato veneto incontaminato; mentre è stata proprio la multiculturalità a rendere straordinaria la storia di Venezia. Se è vero che lo studio degli eserciti è una delle possibili chiavi di lettura delle società, il caso della Serenissima appare come uno degli esempi più interessanti di integrazione nell'età moderna.

Luca Cristini.

INDICE - CONTENTS:

La Guerra di Candia 1645-1669 parte 2: le campagne sul mare Pag. 5

Introduzione
La marina da guerra della Sublime Porta Ottomana
L'Armata da Mar della Serenissima Repubblica di Venezia
Giuditta contro Oloferne: strategia e diplomazia nella
guerra di Candia

La guerra sul mare Pag. 19

I comandi, le armi e il remo
Le campagne navali
Le operazioni anfibie

Appendici I e II Pag. 72

Tecnologia della guerra: armamenti e guerra
chimico- batteriologica a Candia
Prigionieri di guerra

Le Tavole Pag. 74

Note alle tavole - Plate notes
Bibliografia

▲ Lo sbarco ottomano sulla spiaggia di Gognà davanti alla Canea del 23 giugno 1645, fu la maggiore operazione anfibia di tutta la guerra di Candia, che impegnò 60.000 uomini con più di cento navi. L'azione fu diretta dal kapudan pasha Mascovich Yussuf e colse di sorpresa i veneziani, che persero tempo prezioso prima di radunare la flotta nelle acque dell'isola. La flotta delle galee veneziane a Creta contava 8 legni più altri 10 che erano stati allestiti pochi mesi prima presagendo il pericolo, ma di fatto ancora privi di equipaggio al momento dell'invasione. (Illustrazione dal Theatrum Europeum; Francoforte, 1658)

The Ottoman landing on the Gognà beach in front of la Canea, June 23, 1645, was the largest amphibious operation of the Candian war, which occupied more than one hundred ships and 60,000 men. The action was directed by kapudan pasha Mascovich Yussuf, and startled the Venetians, who lost valuable time before the fleet gathering in Crete. The fleet of galleys in the island had 8 ships and another 10 had been prepared a few months before foreseeing the danger, but did not yet have a crew at the time of invasion.

LA GUERRA DI CANDIA 1645-69
LE CAMPAGNE SUL MARE

"Potenza d'impero significa potenza marittima, e potenza marittima e potenza d'impero si legano a vicenda, in modo che l'una non può sussistere senza l'altra"

(Colonnello von Bigge, *La Guerra di Candia*, 1899)

INTRODUZIONE

Nel pomeriggio del 19 luglio 1657, sugli spalti della fortezza di Çanak-Kalaasi, il gran visir Köprülü Mehmet meditava su quanto aveva assistito nella battaglia iniziata tre giorni prima fra la flotta turca e le navi veneziane e, nonostante le aspettative della vigilia, si era rassegnato all'ennesima sconfitta. Il gran visir ricordava le fasi principali di quella cruciale campagna e forse con la memoria era tornato al 6 giugno, il giorno in cui il sultano Mehmet IV lo aveva chiamato per affidargli il comando delle operazioni nei Dardanelli. Ripensava alla solennità dell'evento, sottolineata dal cerimoniale di corte, al giovane sultano che gli attaccava al turbante due piumette di airone incastonate su una spilla di diamante, quindi lo aveva rivestito con due *kaftan*, uno senza pelliccia e l'altro foderato di zibellino e infine gli aveva affidato la *uqab*, lo stendardo sacro del Profeta.

Gli tornava alla mente il giorno seguente, quando si era diretto al campo di Çerpegy e da qual luogo si era spostato via terra verso i Dardanelli, con una *orta* dei giannizzeri e sei squadroni di *sipahy* kapikulu e toprakli come scorta. Alla prima sosta, a Karakaldürün, aveva passato in rivista le truppe nei posti assegnati dai çavus che lo avevano preceduto. Dopo cinque giorni di marcia era giunto a Gelibolu per attraversare il canale, sbarcare sulla riva asiatica e stabilire il suo quartier generale nel castello che sorgeva poco distante. Adesso, di fronte al fallimento, pensava al destino che lo attendeva: i suoi avversari a corte avrebbero avuto buon gioco per estrometterlo e chiedere la sua testa. Un'ora prima del tramonto di quello stesso giorno, la galea ammiraglia del *zovine e di grandissimo spirito* capitano generale da mar Lazzaro Mocenigo, pavesata con tutte le insegne dei diversi stati che avevano inviato le loro squadre alla flotta veneziana, passava a vele spiegate davanti ai Castelli seguita da altre dodici galee. Dodici come il numero degli anni di guerra fino allora trascorsi. Può darsi che anche il comandante veneto tornasse col ricordo indietro nel tempo. Forse pensò alle centinaia di giorni vissuti sul mare; alle battaglie sostenute; agli amici caduti; ai sacrifici sopportati; alle

◀ Il braccio di mare fra la costa asiatica dei Dardanelli e le fortificazioni europee di Kilidol Bahr, il cui rotondo torrione risale agli anni della guerra di Candia. Tutti i villaggi nei dintorni del canale furono obbligati a fornire i materiali necessari alla costruzione dei nuovi castelli negli Stretti. Fino al 1659, per ostacolare il blocco navale veneziano, su entrambe le rive furono allestite numerose di batterie rinforzate da presidi di fanteria e cavalleria. (Foto Bruno Mugnai)

The stretch of sea between the Asian coast of Dardanelles and the European stronghold of Kilidol Bahr, with its round tower dating from the Candian war. All the villages surrounding the channel were forced to provide all material needed for the construction of new castles in the strait. In order to hinder the Venetian naval blockade gun emplacements were built on both sides reinforced by infantry and cavalry.

ferite ricevute. Chissà se per un attimo ricordò anche quanto aveva detto al duca di Braunschweig prima di partire da Venezia: "*Vostra Altezza sentirà in breve qualcosa di grande oppure...*". Ma quello poteva essere il giorno della vittoria: risalire il canale e imporre la pace alla capitale nemica con i cannoni delle galee, ora che la città si trovava indifesa e a poche miglia di distanza. Restavano da superare solo i forti avversari eretti sulle due rive del canale. Le agili navi transitarono davanti alle batterie costiere quasi a tiro di pistola; superarono senza danno le prime tre, ma davanti al castello di Koumtourni una galea fu colpita al timone e un'altra perse un albero. Presso la batteria della fortezza un cannoniere turco, di nome Kara Mohammed, puntò uno dei cannoni di grosso calibro, fece fuoco sulla grande galea imbandierata centrando il deposito delle polveri e facendola saltare in aria. L'albero di maestra si spezzo in due e colpì in pieno il capitano generale uccidendolo sul colpo. Per oltre un'ora il canale fu oscurato da una densa nube di fumo; appena dissolta si videro i detriti della galea sparsi nel canale. Quella che sembrava una sconfitta irreversibile, si trasformava adesso in un successo insperato per il gran visir: la squadra veneziana virava per tornare a ponente rinunciando all'azione; la capitale era salva e la partita per Creta nuovamente riaperta. Nonostante l'esito favorevole di un attacco diretto a Istanbul non fosse così scontato e l'imposizione di una pace immediata tutta da valutare, la presenza della flotta veneziana nel Mar di Marmara avrebbe provocato una forte crisi nella politica ottomana, con conseguenze certamente negative sulle capacità della Porta di continuare la lotta, poiché il terminale strategico della guerra si trovava a Creta, ma il baricentro del conflitto era il mare e senza il controllo delle rotte non esisteva possibilità di successo. La guerra combattuta da veneziani e turchi si svolse interamente in questo semplice contesto strategico: per portare a termine l'offensiva i turchi dovevano assicurare rifornimenti alle truppe sull'isola, viceversa per i veneziani la principale priorità era quella di interrompere i collegamenti fra gli assedianti e i loro porti. Date queste premesse è ovvio che il confronto determinante avvenne nello Ionio, nell'Egeo e nel Mar d'Africa. Ogni anno l'esito delle campagne a Creta e in Dalmazia dipendeva dalla lotta sui mari, per cui sulla terraferma il conflitto non raggiunse sempre la stessa intensità, mentre invece il duello navale non conobbe mai periodi di riposo. Le flotte di entrambi i contendenti furono chiamate a sostenere una lotta di un'intensità mai registrata fino allora, conducendo campagne della durata di molti mesi protrattesi anche nella stagione invernale. Malgrado i veneziani fossero riusciti a ottenere il predominio sui mari, l'iniziativa strategica rimase sempre nelle mani degli ottomani, i quali riuscirono con enormi sacrifici a garantire la sopravvivenza del loro esercito a Creta, a onta delle tante

▶ **Il kapudan pasha, ovvero l'ammiraglio capo della flotta del sultano**, è qui rappresentato con i distintivi del suo incarico: lo üst kürkü kaftan di broccato, foderato di pelliccia e il turbante di piccole dimensioni, ispirato a quello tradizionalmente impiegato dai marinai ottomani e barbareschi. (De La Haye-Van Moor: Recueil de Cent Estampes, representant differentes Nations du Levant; ca. 1714)

The kapudan Pasha, the chief admiral of Sultan's fleet, is here represented with the peculiar insignias of his office: brocade ust kürkü kaftan, lined coat and small size turban, inspired by the traditional headdress used by Ottoman and Northern African sailors.

sconfitte subite. In una situazione del genere fu quasi un miracolo per la Porta aver mantenuto un corpo d'occupazione sull'isola, isolato per lunghi periodi e spesso a corto di rifornimenti.

In questo furono però aiutati dall'atteggiamento dei veneziani, i quali scelsero l'opzione della resistenza a oltranza nella speranza di provocare l'esaurimento delle forze avversarie e costringere il nemico alle trattative di pace. A rivelarsi decisiva per le sorti militari degli ottomani fu la peculiare struttura del loro dispositivo bellico, impostato per l'offensiva, e perciò intrinsecamente più agile, subordinato a un comando supremo con poteri assoluti, mentre i veneziani soffrirono la maggiore lentezza e macchinosità del loro apparato statale, afflitto dalle dinamiche interne che sottostavano alla nomina dei comandanti e alla formazione delle flotte. La strategia veneta mirava a provocare l'esaurimento materiale del nemico, ma non prese da subito in esame l'ipotesi di sconfiggere il corpo di spedizione turco a Creta, facendo passare così del tempo prezioso, permettendo a Istanbul di trovare altre vie per mantenere i collegamenti con l'isola. Quando a Venezia si capì che il flusso di rifornimenti convogliato attraverso gli altri porti dell'Anatolia, della Grecia e da quelli nordafricani si era ormai consolidato, la guerra si spostò sempre più vicino alle rive di Creta.

▲ **Una sultana, ovvero un vascello costruito nell'arsenale di Galata,** componeva la flotta a vela della Porta assieme ai vascelli barbareschi e ai mercantili armati noleggiati. Le imbarcazioni a vela costruite nell'arsenale di Galata non erano tecnicamente inferiori a quelle di Venezia e in questo i turchi anticiparono i loro avversari di almeno dieci anni, in quanto i primi vascelli da guerra della Serenissima vennero realizzati solo a partire dagli anni Sessanta del XVII secolo. (Miniatura ottomana dal Surnâme i vehli, ca. 1720)

A sultana or a vessel built in the arsenal of Galata. The Ottoman sailing fleet consisted of Turkish and others vessels from Barbary and hired armed merchant ships. The sailing vessels built in the arsenal of Galata were not technically inferior to Venetian ones. The Turks anticipated their opponents at least ten years, since the production of sailing warships started after 1660.

Battaglia navale di Santorini-Naxos, 7-10 luglio 1651:

Veneziani (Alvise Mocenigo):
- 28 vascelli:
Liocorno Bianco, Giovanni Battista, Aquila Negra, Arma di Venezia, Profeta Daniel, San Giobbe, San Zorzi grande, Maria Elizabeta, Principe piccolo, Margarita, San Pietro, San Zorzi piccolo, Madonna della Vigna, Aquila d'Oro, Dragon, Sacrificio d'Abram, Difesa, Ruota di Fortuna, Croce d'Oro, Damian, Tommaso Francesco, Fregata Grimani, San Marco grande, San Marco piccolo, Beneditione, Profeta Samuel;
(altri due vascelli sconosciuti).
- 6 galeazze e 24 galee.

Perdite: 35 morti e 50 feriti.

Ottomani (Hosambegzade Ali pasha):
- 55 vascelli
- 6 maone
- 53 galere
Perdite: 5 vascelli affondati;
11 vascelli e 1 galeazza catturati; 965 prigionieri.

◄ **L'arsenale di Venezia era considerato 'il cuore dello stato',** il luogo dove si concentravano l'attività cantieristica e l'armamento dell'*Armata da mar*. Durante la guerra di Candia l'attività dell'Arsenale fu mantenuta a pieno regime, come si può rilevare dalla relazione del *Savio agli Ordini* Bertucci Trevisan, il quale fino al 1699 registrò l'allestimento di 138 galee, 10 galee bastarde e 18 galeazze, senza tener conto del naviglio minore. (Foto Alberto Secco)

The Arsenal of Venice was considered "the heart of State", where were all shipbuilding and armament would converge with all related activities. During the Candian War the arsenal worked at full strength as related by the "Savio agli Ordini" Bertucci Trevisan, who registered, until 1669, a total of 138 galleys, 10 'bastardas' and 18 galeazzas, not considering minor ships.

▼ **La Canea (Khania) fu il principale porto ottomano a Creta** per tutta la durata della guerra, la cui conquista, avvenuta con l'assedio del giugno-agosto del 1645, consentì all'esercito d'occupazione di disporre di un eccellente scalo, benché la sua posizione a occidente dell'isola rendesse lento e laborioso l'afflusso di rifornimenti necessari alla continuazione dell'assedio a Candia. (Incisione di Lukas Vestermans da Jan Peeters, 1664)

La Canea (Khania) was the main Ottoman sea town in Crete for the duration of the war, the conquest of which after the siege took place in June-August 1645, allowed the occupation army to dispose of an excellent port, although its position in the west of the island rendered slow and laborious the flow of supplies for the siege of Candia.

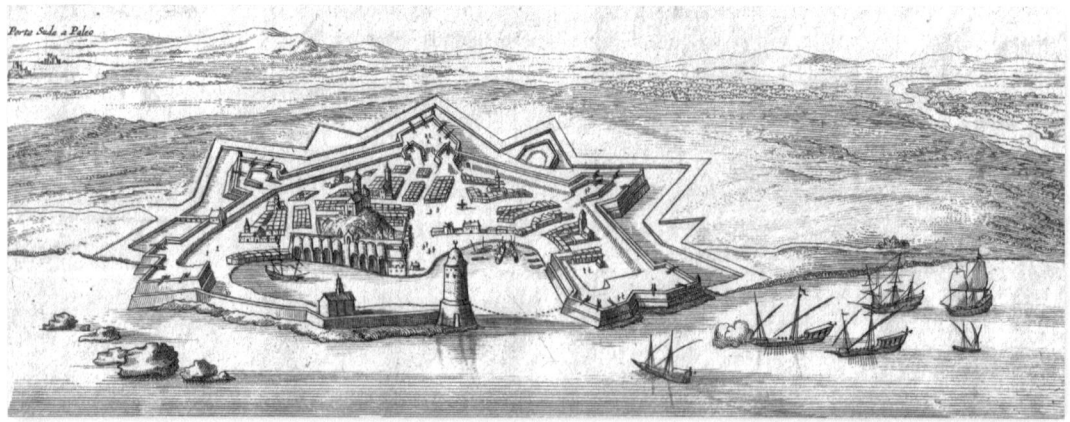

LE FLOTTE
La marina da guerra della *Sublime Porta Ottomana*

In maniera simile a quanto accadeva per l'esercito, anche la marina del sultano si divideva in una flotta stabile pagata dall'erario statale e un'altra allestita dai governatori delle province. Dal punto di vista organizzativo il primo raggruppamento dipendeva dall'arsenale di Galata presso Istanbul, dove si trovavano le strutture di carenaggio e operavano le maestranze e i marinai della flotta. Il viaggiatore italiano Pietro Della Valle visitò l'arsenale nel 1615 e in una delle sue lettere lo descrisse "grande come una città" e popolato in maggioranza da gente franca (ovvero non turca), "…situato dall'altra parte del porto mercantile, facendo coi tetti delle case di Pera e con le torri delle mura che lo circondano, assai bella prospettiva". L'arsenale costituiva il punto di raccordo di tutto il sistema di approvvigionamento della marina del sultano. Assieme al denaro per finanziare l'attività, ogni anno affluiva il materiale per la costruzione delle navi, assegnato a ciascuna provincia secondo una ripartizione prestabilita: 21.000 tronchi d'albero da Izmit e dalle province limitrofe; 12.050 *cantari* di cime e cordame da Smirne e Salonicco; da quest'ultima provenivano anche 2.000 pezze di tela per vele, fino ai pali per i remi con tutti gli accessori raccolti fino nel più lontano villaggio dell'impero. Il naviglio da guerra ottomano era in massima parte composto da unità a remi, le galee, in turco *giktere*, e le *mavuna*, maone, la versione ottomana delle galeazze; ma proprio a partire dalla guerra di Candia iniziò a comprendere un numero rilevante di grandi navi a vela. Si trattava di vascelli da una quarantina cannoni, non privi di difetti, secondo i commentatori europei di quegli anni, ma comunque in grado di rappresentare una minaccia considerevole e ai quali in Occidente si dette il nome di *sultane*. La conferma che non si trattava di realizzazioni scadenti emerge dal fatto che alcuni di questi vascelli, catturati dai veneziani nel corso delle battaglie navali dei Dardanelli, vennero immediatamente immessi in squadra e affidati a importanti capitani, come la ex sultana *San Marco*, condotta da Lazzaro Mocenigo nello scontro del 26 giugno 1656. Altri tipi di imbarcazioni armate costruite nei cantieri di Galata erano la *fricate*, la *bergende*, la *galiota* e la *orta*, paragonabili alle coeve fregate, brigantini, galeotte e galee bastarde delle marinerie mediterranee occidentali, le quali - nel Seicento - differivano dalle più familiari unità con lo stesso nome dei secoli successivi. Questo naviglio era infatti a propulsione mista; oltre all'alberatura la fricate disponeva di 10 o 12 banchi di rematori, la bergende ne aveva 18 o 19, quindi da 19 a 24 la galiota e infine da 27 a 32 la orta. Quest'ultima, analogamente alla *bastarda* veneziana, era la galea ammiraglia. Altri legni da guerra col relativo personale imbarcato e di terra erano forniti dai governatori delle province marittime, da cui il nome di *beylere* (ovvero dei *sançakbeg*), categoria a cui appartenevano le navi dei pascialati di Caffa, Gelibolu, Trabzon, Cipro con altri 27 *sançakbegler* disseminati nel Peloponneso, nelle isole dell'Egeo, in Egitto, in Siria e sulle coste dell'Anatolia.
In questi porti si potevano armare altre galee con i relativi equipaggi, nonché disporre di un corpo di fanteria di marina calcolato in 6.336 uomini. Oltre queste forze altre unità diventavano disponibili grazie al contributo delle marinerie

---

Prima battaglia dei Dardanelli, 16 maggio 1654:

Veneziani (Giuseppe Dolfin):
- 16 navi a vela:
San Zorzi grande,
Aquila d'Oro,
Concordia,
Casa di Nassau,
San Zorzi piccolo,
Aquila coronata,
Orsola Bonaventura,
Anna Bonaventure,
San Michiel,
Spirito Santo,
Apollon,
Margarita,
San Giovanni,
Conte Sdrini,
Genovese grande,
Pinco Tremartino.
- 2 galeazze
- 8 galee.

Perdite: 2 vascelli (*Aquila d'Oro* e *Orsola Bonaventura*) e 1 galea affondati; 1 vascello catturato (*Casa di Nassau*)

Ottomani (Murad Pasha):

- flotta principale:
30 vascelli, 6 maone e 40 galee
- flotta di riserva (Barbareschi e *beylere*):
14 vascelli
22 galee

Perdite: 2 vascelli; 1 maona e 1 galea affondati.

barbaresche, le quali aumentavano la flotta turca di diverse decine di galee e soprattutto di vascelli da corsa, considerato che la principale attività dei legni nordafricani consisteva nelle azioni corsare per conto delle *Reggenze* di Algeri, Tunisi e Tripoli. Come già accennato, alla metà del Seicento la spina dorsale della flotta ottomana era ancora costituita dalle galee, le quali si dividevano in due categorie solo per identificare la loro appartenenza alla flotta stabile o a quella provinciale; nel primo caso erano denominate galee *zakale*, nell'altro - già menzionate – galee *beylere*. In tempo di pace la flotta ottomana schierava normalmente 40 galee e 6 maone; altre 20 galee erano allestite dai bey, per un totale di 16.400 uomini imbarcati, dei quali 11.330 rematori. La flotta zakale disponeva di un reparto di guardia stabile, denominato *azab*, ascendente a 1.364 uomini suddivisi in 650 *oda* da 2 a 4 uomini, incaricato di sorvegliare l'attività dell'arsenale, di scortare i carri o i convogli marittimi che trasportavano i materiali a Galata; i più anziani fra gli azab assicuravano anche la sorveglianza al porto e all'arsenale, altri vigilavano il bagno dei forzati, mentre circa la metà poteva essere adibita anche ai lavori di carpenteria con compiti di capi squadra. Il comando di tutto il corpo era affidato a un *reis*, con un *odabasi* come luogotenente e con un *ascybasi*, il capo cuoco, quale secondo ufficiale. I diversi incarichi assolti dagli azab comprendevano compiti di gendarmeria, di maestranza specializzata e di marineria, considerato che dovevano possedere anche conoscenze sull'uso della bussola, cartografia nautica e impiego degli esplosivi. La fanteria imbarcata sulle navi da guerra era rappresentata dai *levend* e dai *mensugat*, i primi reclutati dai paschà e dai governatori delle maggiori province e gli altri formati col concorso dei capi dei dipartimenti minori, ovvero gli *zeamet* e i *timar*, impiegati principalmente come truppe di riserva. Entrambi queste categorie di soldati fornivano anche il personale per l'artiglieria navale, nonché la truppa da sbarco, i presidi dei porti e quelli delle fortificazioni costiere. Tutta questa complessa struttura faceva capo al comandante supremo della marina, ovvero al *kapudan pasha*, ruolo di prim'ordine nella gerarchia dell'Impero, in quanto il suo potere si estendeva oltre la flotta e comprendeva competenze sul governo dei porti, sul traffico mercantile, nonché il governatorato dell'isola di Rodi, luogo di residenza ufficiale, benché da tempo la sua attività si svolgesse principalmente fra Istanbul, Galata e Gelibolu. Sotto la sua direzione operavano un luogotenente, col titolo di *terzane agasy*, un *terzane kiaja*, vice ammiraglio e ispettore di tutta la flotta, e un *serdar*, un altro luogotenente del kapudan pasha con base a Rodi. Il gradino inferiore era occupato da funzionari con incarichi amministrativi, ripartiti secondo i compiti stabiliti dalla tipica prassi ottomana, per cui il *terzane katibi* si occupava del computo di tutte le spese e delle rendite dell'arsenale, il *kindane katibi* svolgeva le stesse funzioni per il bagno dei forzati e lo *iliman katibi* amministrava il legname destinato alla costruzione delle navi. Sulle imbarcazioni la gerarchia degli ufficiali era rappresentata dal *beg*, comandante, dal *reis*, timoniere e da un *odabasi* ogni venti marinai. Nelle unità a remi erano presenti anche un *guardianbasi*, custode dei rematori e sei o più artigiani con funzioni di falegnami, calafati e fabbri.

L'*Armata da Mar* della Serenissima Repubblica di Venezia

A Venezia la flotta veniva assegnata in via esclusiva ai membri dell'aristocrazia lagunare poiché il suo comando possedeva una forte valenza politica, così come la flotta stessa aveva per la nobiltà un significato del tutto particolare rispetto agli eserciti di terraferma. Nonostante i veneziani del XVII secolo avessero iniziato a perdere la confidenza col mare, la lunga tradizione di marineria veniva esaltata nella simbologia dello stato e coltivata nella tradizione di tutte le più importanti famiglie aristocratiche. Per i veneziani l'apprendistato nella flotta cominciava molto presto, probabilmente anche rispetto ai canoni dell'epoca, se consideriamo che alla terza battaglia dei Dardanelli parteciparono in qualità di *Nobili sopra le Galee* i fratelli Andrea e Antonio Muazzo, rispettivamente di 12 e 13 anni di età. Il 'genio' per il mare, innato nei veneziani, non era sfuggito al cardinale Scipione Pannocchieschi, legato della Santa Seda in Laguna, che così lo spiegava mettendolo a confronto con ciò che accadeva nell'esercito: *Quanto alle cose di mare così non procedono i Veneti, essendo tutte queste maneggiate da nobili, non da forestieri. Del numero di quelli si fanno un Generale, i Capitani di galeazze, di galee e galeoni: sudditi sono i marinari, sudditi i galeotti et sudditi quasi la maggior parte della soldatesca. Ciò fanno per havere qualche sorte di militia, per non venire angustiati da tutte le bande in qualche accidente. Oltre che non militano nel mare quei rispetti e timori che ne gl'eserciti di Terraferma.*
In tempo di pace la flotta veneta schierava 23 o 27 galee: 8 erano all'ancora fra Corfù, Zante e Cefalonia, alle quali se ne aggiungevano altre 4 nei mesi estivi; una squadra di 7 galee si trovava a Venezia che, assieme alla squadra dell'Istria - formata da 4 galee - incrociava l'Adriatico settentrionale; infine altre 4 galee facevano parte della *Guardia di Candia*, dislocata nell'isola stessa. In caso di conflitto la forza navale poteva essere incrementata fino a tre o quattro volte e ciò era permesso dall'ampia disponibilità di scafi di riserva costruiti nell'Arsenale di San Marco, costantemente mantenuta sopra le 60 unità, di cui 25 in assetto di guerra e pronte a essere impiegate. Alla vigilia della guerra l'Arsenale era in grado di

◀ **Carpentieri e altri artigiani** lavorano alla costruzione di vascelli da un particolare di un insegna di falegnameria veneziana dei primi anni del XVIII secolo. Esattamente come l'arsenale turco, quello veneziano ospitava tutte le attività lavorative, dall'approvvigionamento del legname alla realizzazione della polvere da sparo. Le modalità con le quali si realizzavano le navi ricordano il sistema di una fabbrica, con costruzione in serie, standardizzazione dei pezzi e controllo della manodopera In diverse fasi l'arsenale di Venezia arrivò ad accogliere migliaia di lavoratori e marinai e il numero stabile di maestranze alla fine della guerra di Candia era di 5.000 addetti, un numero considerevole se pensiamo che alla metà del Seicento vivevano a Venezia non più di 100.000 abitanti.

Carpenters and other craftsmen building vessels, portrayed in a 18th century Venetian carpenter insignia. Both the Turkish and the Venetian arsenals held all the main activities such as gunpowder making and wood collecting. The works were organized in chain production as in modern factory, where on different stages thousands workers and sailors operated. The average number of workers at the end of the Candian war was 5,000 employees, a considerable figure as in the whole of Venice lived, in the middle of the 17th century, about 100,000 inhabitants.

costruire sette galee all'anno che, pur essendo molto meno di quanto si realizzava nel secolo precedente, rappresentava una performance di tutto rispetto, anche perché la qualità del naviglio leggero prodotto dai veneziani era superiore a quello dei loro avversari ottomani.

A partire dal 1633, a completamento del dispositivo da guerra, Venezia disponeva anche di 6 galeazze, di cui 2 armate e con gli equipaggi già assegnati. Nel 1645, poche settimane dopo l'inizio della guerra la flotta veneta mise in mare un totale di 40 galee e 4 galeazze, che formavano la cosiddetta *Armata Sottile*. Il potenziale navale teorico della Serenissima all'inizio delle ostilità può essere valutato dalla relazione del Savio agli ordini presentata il 9 marzo 1639. Da essa si desume che era previsto l'armamento di 30 delle 70 galere utilizzabili esistenti nell'Arsenale, di altre 4 galeazze e di 10 *galioni a uso di guerra* da 20 pezzi per uno; le altre 40 galere nell'Arsenale sarebbero state riservate ai rinforzi e alle sostituzioni. A queste si devono aggiungere le galere ancora presenti a Creta, non nominate nella relazione, ma il cui numero nel marzo del 1639 si può valutare in almeno trenta unità, dato che nel 1637 le squadre delle galee di Canea e di Candia disponevano rispettivamente di 16 e 18 scafi. Negli anni successivi la consistenza delle navi a remo diminuì e crebbe invece il numero dei vascelli, i quali costituivano da tempo la seconda flotta della Repubblica, ovvero l'*Armata Grossa*. A partire dai primi anni del secolo Venezia aveva introdotto un numero crescente di vascelli di linea che, sebbene penalizzati nel Mediterraneo rispetto alle galee, possedevano in rapporto una potenza di fuoco ragguardevole. In genere l'acquisizione di queste grandi navi, perlopiù dei mercantili armati con 20 o 30 cannoni, avveniva attraverso contratti che la Repubblica stipulava con armatori privati e assumendo mediante capitolazione uno o più *piloti* con una piccola ciurma di marinai di altura. Il governo completava questi equipaggi arruolando altri marinai nei propri domini e naturalmente fornendo gli artiglieri e i soldati. In origine, infatti, i vascelli dovevano assolvere il compito di trasportare grandi corpi di truppe, che altrimenti avrebbero dovuto attraversare i mari a bordo delle galee. Questo non voleva dire che le unità a remi non trasportassero soldati, ma in ogni caso la maggiore capacità di carico dei vascelli era un vantaggio notevole e soprattutto consentiva una navigazione meno scomoda alle truppe che da Venezia dovevano recarsi nel *Dominio da Mar*. Queste navi, proprietà della Repubblica e con equipaggi in genere misti, erano dette anche *Navi Pubbliche*, e si differenziavano da quelle noleggiate dai privati o direttamente presso i governi amici come le Province Unite dei Paesi Bassi. Questa seconda classe di vascelli era normalmente formata da veri e propri legni da guerra, con 40 o più cannoni, servite da equipaggi e artiglieri stranieri, nei quali spesso l'unico veneziano a bordo era il comandante. Queste navi avevano qualità di navigazione superiori rispetto ai mercantili armati e ciò fu causa di svariati problemi in combattimento.

Dopo gli olandesi i maggiori fornitori di vascelli furono l'Inghilterra e la Francia, tuttavia Venezia stipulò accordi anche con altri stati, sfruttando la concorrenza e la rete di relazioni in suo possesso in modo da contenere le ingenti spese necessarie, noleggiando vascelli presso le repubbliche anseatiche della Germania del nord e perfino in Danimarca, che nel biennio 1658-59 fornì 3 vascelli e un proprio ammiraglio, inviato nel Mediterraneo per quello oggi definiremmo uno 'stage' di aggiornamento.

Al contrario degli ottomani, che distinguevano più o meno nettamente le truppe di terra da quelle imbarcate, a Venezia non si faceva alcuna distinzione in merito e quindi tutta la fanteria della Serenissima poteva essere al tempo stesso truppa da sbarco, da campagna o di presidio. Tutto ciò era conseguenza dell'assetto militare poco convenzionale della Repubblica e della sostanziale unità del *Militare* veneziano: del resto al comandante in capo della flotta spettava il comando supremo tanto sui mari che sulla terraferma; la fanteria poteva pertanto considerarsi a tutti gli effetti una componente della *Armata da mar*.

Come avveniva per l'esercito, il governo veneziano controllava le cariche di comando della flotta attraverso il Senato e il Maggior Consiglio, mantenendo su base elettiva tutte le nomine da *Capitano Generale da Mar* fino al semplice *Nobile*, cioè il giovane patrizio volontario che prestava tirocinio sulle navi. Il capitano generale era il comandante supremo e il suo incarico durava fino a un massimo di tre anni, dopodiché si procedeva a una nuova elezione, dalla quale veniva escluso il capitano uscente.

Ad ogni modo nel corso della guerra di Candia si verificò l'eccezione di Francesco Morosini, che rivestì il grado di capitano generale per due volte, benché non consecutive. In tempo di pace la carica più elevata nella flotta era quella del *Provveditore Generale d'Armata*, che in campagna diventava automaticamente il vice-ammiraglio e luogotenente del capitano generale da mar. Altri importanti ufficiali erano il *Capitano delle Navi*, ovvero il comandante dei vascelli dell'*Armata Grossa*, il *Capitano della Guardia in golfo*, cui spettava la direzione delle squadre di galee dell'Adriatico e il *Capitano delle Galeazze*, tutti incarichi affidati a ufficiali sperimentati e gradino di partenza per diventare capitano generale. L'intenso lavoro amministrativo necessario per mantenere in efficienza la flotta era diretto dai tre *Provveditori all'Armar*, con i quali ogni due mesi conferivano i commissari, ovvero i *Capi da Mar*, incaricati di ispezionare la navi della flotta, trascrivere il numero di uomini presenti, annotare lo stato degli armamenti, quello dei rematori, le munizioni, le spese per il vitto e ogni altro aspetto relativo all'amministrazione della flotta. L'arruolamento dei marinai, rematori, artiglieri e le nomine a sottufficiale e ufficiale subordinato erano curate dai funzionari diretti dal *Savio alla Scrittura*, termine con il quale si identificava una funzione pressappoco simile a quella di un ministro della guerra. Per tutto il secolo la Repubblica riuscì attraverso il lavoro dei suoi funzionari a esercitare un accurato controllo non soltanto sulle unità e gli equipaggi, ma pure su tutti i sudditi, immatricolando ogni dieci anni gli uomini sopra i 18 anni e inserendoli in categorie a seconda degli incarichi ai quali destinarli, in modo che in caso di necessità si potessero con relativa facilità trovare i rimpiazzi da imbarcare. Il comandante di galea, il *sopracomito*, era il responsabile della propria unità allo stesso modo che un capitano di fanteria o di cavalleria esercitava il controllo sulla sua compagnia. Come il *governatore* sulle galeazze, si trovava a capo di un composito stato maggiore che comprendeva un *comito* e un *sottocomito*, un *pilota*, un *padrone* (capo dell'equipaggio) un *capo dei provvisionati* (capo delle guardie), un *capo bombardiere*, uno scrivano, un cappellano e un *eccellente* (medico).

La presenza di altri ruoli dipendeva dalle caratteristiche della nave, pertanto sulla galea *generalizia* trovava posto anche il *sopramasser*, la versione marinara del maresciallo di provianda. Sulle navi a remi esistevano altre funzioni più simili a quelle di sottufficiali e di graduati di truppa, come le *maestranze* (falegname, calafato e carpentiere), i *titolati* (marinai scelti) e l'*agozzino*. L'equipaggio si completava con gli *scapoli*, il picchetto di fanteria imbarcato, e naturalmente con i rematori, che rappresentavano la componente più numerosa di ogni galea o galeazza. Sulle navi dell'Armata Grossa esistevano altre funzioni rispetto a quelle a remi, per cui il capitano esercitava il comando su un numero inferiore di subordinati, le cui denominazioni erano spesso mutuate dalla terminologia delle marine straniere. La presenza sempre più rilevante di vascelli portò ad aumentare il numero dei comandi di alto livello, tanto che nel 1657 furono istituiti i gradi di *Almirante delle Navi* e di *Patron delle Navi*, perché il numero di navi a vela era talmente cresciuto che fu necessario suddividerlo in tre squadre. La presenza dei veneti nella flotta era nettamente maggioritaria - annoverando anche molti nobili di Terraferma – rispetto a quanto accadeva nell'esercito, tuttavia la varietà etnica fu ampia anche sui mari. A parte i piloti e gli equipaggi dell'Europa settentrionale, fortissima fu la presenza degli altri 'nazionali' come i greci e gli schiavoni e persino dei volontari di altri stati; senza infine considerare che a varie riprese giunsero a rinforzare le squadre veneziane le galee dei Cavalieri di Malta, quelle pontificie e toscane e occasionalmente quelle di Napoli, di Sicilia, di Spagna e di Portogallo. Se i marinai e i rematori provenivano dal cosmopolita dominio della Serenissima, gli ufficiali erano in stragrande maggioranza aristocratici veneziani e solo alcune galee delle città dell'Istria e della guardia di Candia erano comandate da ufficiali locali.

Giuditta contro Oloferne: strategia e diplomazia nella guerra di Candia

L'immagine di Venezia, con le sembianze della coraggiosa fanciulla ebrea, opposta al Turco, nelle vesti dello spietato re assiro, divenne un icona che si fissò in maniera duratura nell'immaginario barocco dell'Occidente come rappresentazione idealizzata della lotta per Creta. Per gli ottomani la conquista dell'isola rappresentava invece un ulteriore passo nella formazione dell'impero universale, il

▲ **L'isola di Grabusa, a poche miglia da Creta**, era uno degli innumerevoli approdi controllati dai veneziani in Levante. Il sistema militare della Repubblica mostrava una forte integrazione tra la componente navale e le fortezze del *Dominio da Mar*. Non è certo un caso che il trattato di Cristoforo Da Canal sulla marina veneziana alla metà del XVI secolo, recasse l'immagine di una galea dentro un quadrilatero ai cui vertici si elevavano quattro fortezze. L'immagine di Venezia potente sul mare e debole nel suo dispositivo terrestre dovrebbe pertanto essere reinterpretata in una chiave diversa, ovvero quella della sostanziale unità del *Militare* veneziano, nel quale, del resto, tutta la fanteria era considerata come 'truppa da sbarco'. (Foto Bruno Mugnai)

The island of Grabusa, a few miles off the coast of Crete, was one of the countless harbours under Venetian control towards the east. The military system of the Republic shows a great interaction between naval strength and stronghold of the "Dominio da mar" (overseas colonies). It is not by chance that Cristoforo da Canal's 16th century treatise on Venetian military fleet had as its cover image a galley enclosed in a quadrilateral whose corners were depicted with four fortresses. The idea of Venice strong at sea but weak on land must be interpreted under a different key, one which saw infantry and navy as one, the troops being its landing force.

cui compimento era richiesto dal Corano, almeno secondo l'interpretazione in auge.
In diversi momenti della lunga guerra i veneziani si trovarono in posizione di vantaggio. Fra il 1649 e il 1651, di nuovo nel 1660 e infine nel biennio 1663-64 la Serenissima si trovò con buone carte in mano, ma non fu in grado di giocarle efficacemente a causa di fattori concomitanti, primo fra tutti l'insufficienza delle forze. Falliti gli assalti a Candia del 1648-49, l'armata nemica sull'isola corse seriamente il rischio di rimanere abbandonata a se stessa, privata dei rifornimenti e senza una leadership a Istanbul in grado di formulare una strategia di uscita. A Venezia erano in molti a credere che, prima o poi, il sultano avrebbe accettato di venire a patti e col tempo in molti caddero vittime di questa illusione. Tale convinzione era avvalorata da esperienze pregresse che convincevano la maggior parte degli osservatori. Un assunto della politologia spicciola italiana sosteneva che il sultano, pur possedendo eserciti potenti, non fosse capace di conservare a lungo le sue conquiste e le notizie sulle rivolte che scoppiavano in tutto l'impero sembravano confermare le previsioni di un'imminente ritirata. Per accelerare tutto ciò, Venezia provò a prendere contatti con le nazioni che avevano interesse a contrastare Istanbul. Missioni e scambi diplomatici avvennero con Varsavia, la Transilvania e perfino Mosca, ma le possibilità di un'azione coordinata non acquisirono mai credibilità e anche l'ipotesi di stringere alleanza con la Persia dei safavidi sfumò con un nulla di fatto. I costi umani e materiali della guerra rischiavano di diventare insostenibili per Venezia, per questo i tentativi di trovare un accordo con Istanbul iniziarono già dopo un anno e continuarono senza sosta fino al 1648, nonostante la destituzione del sultano Ibrahim, grazie all'intermediazione francese. Ma le trattative fallirono e a farne le spese fu il maldestro ambasciatore francese De La Haye, imprigionato dai turchi nel maggio del 1649.
L'ondivaga situazione politica ottomana di quegli anni provocava seri problemi anche alla diplomazia veneziana: il 6 giugno 1652 Giovanni Cappello fu nominato ambasciatore straordinario alla Porta e nelle istruzioni ricevute dal Senato il 26 ottobre aveva ottenuto l'autorizzazione a manifestare la disponibilità di Venezia al pagamento di un cospicuo indennizzo e di un tributo annuo; rimaneva esclusa tassativamente qualsiasi ipotesi di cessione di Creta, ma appena questo divenne evidente anche per Cappello si aprirono le carceri delle Sette Torri. Le posizioni dei belligeranti rimasero a lungo le stesse: Venezia era disposta a restituire le recenti conquiste nei Balcani, ma chiedeva il ritiro totale da Creta; dal canto loro gli ottomani erano decisi a non mollare la presa sull'isola. Nell'autunno del 1657 furono avviate nuove trattative; lo storico Andrea Valiero riferisce così sull'esito dell'incontro: *Il bailo Ballarino si trovava a Istanbul e tenendo precisa commissione di procurare in ogni maniera la sua permanenza, rappresentò le sue proposte già fatte, non parlando della città di Candia e di Canea, per non irritare il suo interlocutore. Allora il gran visir rispose: "se la Repubblica volesse con tutto l'oro del Mondo comprare un solo sasso, o un cane cieco che si ritrovasse in tutto il regno di Candia, il gran signore non lo darà mai; piuttosto perderà l'imperio" e il muftì aggiunse: "Candia sarà nostra, quando vorremo e intanto si andrà a caccia d'altro". Tentò il Ballarino di rispondere, ma fu interrotto dal gran visir che disse: "Conoscete le nostre richieste: vogliamo Candia, Clissa e tutte le fortezze in Bosnia; se così*

avete facoltà intercederò col sultano, altrimenti potete tornare a Venezia". Nel 1658, dopo la quarta battaglia dei Dardanelli, si discusse animatamente in Laguna e stavolta il governo fu sul punto di accogliere le richieste turche per l'annessione completa dell'isola. Si trattava di un dilemma lacerante, sul quale il Senato si divise in due, ma quello che stava costando la difesa dell'isola era evidente a tutti. Si trattava di stabilire se, perdendo Candia, Venezia sarebbe stata ancora se stessa, sia pure con un pezzo in meno, o invece perdesse la sua identità. Il doge Bertucci Valier era convinto - non senza ragione - che trovare un accordo con Istanbul fosse inevitabile. Nonostante le tante sconfitte inflitte agli avversari, il blocco dei Dardanelli poteva considerarsi fallito e di questo i senatori ne prendevano atto. Era opportuno cedere l'isola adesso - nel contesto di un accordo tra due antagonisti nel quale nessuno poteva proclamarsi vincitore - piuttosto che perderla da sconfitti. Ma ragionare in termini di convenienza non bastava, senza valutare ciò che significava in termini di rilevanza politica internazionale. Per persuadere i senatori alla pace si doveva dimostrare che, pur cedendo Creta, non si snaturava il ruolo di Venezia nello scenario europeo e il doge Valier si sforzò in tal senso, sostenendo che la Serenissima avrebbe potuto saggiamente alleggerirsi di

un fardello, *d'un aggravio*, senza suo discredito: la Repubblica rinunciava all'isola, solo a questa, ma non alla regalità. Ma Valier non riuscì a convincere la maggioranza dei senatori, i quali si riconobbero nella posizione del procuratore, nonché *savio* del consiglio, Giovanni Pesaro. Per costui la guerra andava perseguita a oltranza e tutte le offerte di accordo respinte: *"se vogliamo portare la corona sul capo, non la gettiamo ai piedi del Turco, perché altrimenti si dirà che abbiamo perduto il regno e l'anima con esso"*. Se da soli i veneziani non potevano sperare di prevalere, la scelta obbligata rimaneva quella di rivolgersi ad altri stati, ugualmente interessati a respingere l'offensiva turca nel Mediterraneo o quantomeno a siglare un'alleanza con la Repubblica. Osservando in controluce la politica di Venezia e quella generale dell'Europa di quegli anni, si possono cogliere i motivi dell'estenuante indeterminatezza e della strategia di difesa passiva portata avanti dal governo. Anche se nel 1648 si era siglata in Westfalia la pace che aveva messo fine alla guerra dei Trent'anni, ai confini occidentali dello stato veneto Francia e Spagna rimasero belligeranti fino al 1659. Ottenere aiuti concreti da una delle due potenze si era rivelato impossibile, se non rischiando di compromettere la posizione della Repubblica nel contesto strategico della regione. A rendere ancora più fosco il quadro sopravvennero complicazioni inattese, come la sollevazione della *fronda* contro la monarchia francese fra il 1648 e il 1649. La guerra fra Borboni e Asburgo rendeva inoltre problematico l'appoggio da parte del viceré di Napoli, considerato poi che nel biennio 1647-48 la capitale del regno era diventata un campo di battaglia nella lotta contro l'insurrezione guidata da Masaniello. Alla metà degli anni Cinquanta le ombre sullo scenario politico europeo iniziavano a diradarsi e a quel punto, per continuare la guerra e trovare un alleato in grado di modificare l'equilibrio strategico, le scelte erano quasi obbligate.

Dopo anni di reciproca diffidenza i rapporti fra Venezia e Parigi divennero più cordiali e come segno di disponibilità per siglare un'alleanza un nipote del cardinale Mazzarino fu accolto nella nobiltà veneta. La possibilità di un intervento francese a fianco della Serenissima iniziò a circolare già alla fine degli anni Cinquanta, poi – attraverso la mediazione del duca di Modena – si fece sempre più concreto l'interesse di Luigi XIV per un'alleanza militare con Venezia. Si proponeva al senato di allestire un contingente di 20.000 soldati francesi da acquartierare fra Modena e la Terraferma, approvvigionato dal ducato d'Este e dalla Serenissima e comandato da un capitano da designarsi fra una rosa di candidati proposta dai medesimi stati. Il senato esaminò la proposta, considerando ogni eventuale reazione a livello internazionale. Appariva scontato che la presenza di truppe francesi in Italia settentrionale rappresentava una minaccia concreta per lo *Estado de Milan* che a quel punto si sarebbe trovato accerchiato. In vista di una spartizione del Milanese i francesi erano pronti a cedere Cremona alla Repubblica, la riva sinistra del Garda e altri territori. L'offerta era naturalmente subordinata a un impegno militare diretto dei veneziani contro le forze spagnole e questa evenienza doveva essere ponderata

◄ **Jacopo Vitturi, sopracomito e governatore di nave, in un ritratto del 1650 circa.** Il servizio sulla flotta era considerato naturalmente un onore da parte dell'aristocrazia veneta e ancora oggi non è difficile osservare nei palazzi nobiliari e nelle chiese della città i cimeli delle vittorie riportate e le altre gloriose testimonianze del passato. Nella facciata della chiesa di Santa Maria del Giglio, solo per citare un esempio, sono scolpite le località nelle quali servirono gli esponenti della famiglia Barbaro, sia come comandanti di fortezze che come sopracomiti in *Armata*. (Archivio degli autori)

Jacopo Vitturi, galley and vessel commander, in a 1650 portrait. Service on the fleet was considered a great honour by the Venetian aristocracy, making it easy to notice in palaces and churches a wealth of trophies obtained in war. On the Santa Maria del Giglio façade, for example, sculptures are to be found of cities where the Barbaro household took their duty, both as fortress governors and galley commanders.

► **La fortezza dell'isola di Grabusa** fu conquistata dagli ottomani nella primavera del 1646, quando la flotta sbarcò con successo un corpo di giannizzeri e di fanteria di marina. L'isola fu poi riconquistata dai veneziani nel 1659. Nel dipinto l'artista ha rappresentato la scena del combattimento immaginando le mura delle fortificazioni molto più alte della realtà ed equipaggiando i turchi con scudi e sciabole per enfatizzare l'epos della crociata. Notare i crescenti sulle insegne ottomane e le croci di sant'Andrea sulle bandiere veneziane, scelta quest'ultima evidentemente di fantasia. (Olio su tela di Jan Peeters, 1624-77; collezione privata)

The fortress of the Grabusa island was conquered by the Ottomans in the spring 1646, when the fleet successfully landed a corps of Janissaries and marine infantry. The island was then conquered by the Venetians in 1659. In the painting the artist has represented the combat scene imagining the walls much higher then reality, and equipping Turks with shields and swords to emphasize the Crusade epic. Note the signs of crescent on the Ottoman flags and the St. Andrew cross for the Venetians, the latter obviously a fantasy choice.

attentamente, visto che si trattava comunque di contingenti agguerriti e protetti da fortezze considerevoli, senza poi tener conto che Madrid avrebbe certamente lottato con tutte le sue forze prima di cedere agli aggressori. In Laguna si anteponeva però la necessità di liberare per prima cosa Creta e solo in un secondo tempo dare inizio all'invasione del Milanese. Gettarsi subito fra le braccia della Francia avrebbe esposto Venezia, allo stato attuale, alle ritorsioni di Madrid e dei suoi alleati, con tutti i rischi che ciò comportava. Dal canto suo la Spagna poteva influenzare la Santa Sede circa il sostegno alla Repubblica e inoltre poteva agire contro gli interessi veneziani per un'eventuale collaborazione strategica con gli Asburgo d'Austria, in previsione di un coinvolgimento di Vienna contro La Porta in Transilvania e in Ungheria. C'era infine da considerare che come ritorsione per l'alleanza con la Francia in chiave antiasburgica, l'imperatore lasciasse libero accesso ai turchi attraverso la Croazia e la Slovenia per un'incursione nel Friuli. Tuttavia l'aiuto di un forte e agguerrito contingente francese poteva rappresentare l'agognata opportunità per sconfiggere i turchi e costringere Istanbul alle trattative di pace. Al termine di estenuanti riunioni, con grande senso di responsabilità, il senato respinse le offerte e dispose l'allontanamento dell'emissario inviato dal Mazzarino, tuttavia un canale rimase aperto con Parigi per garantire il flusso di aiuti promessi dal cardinale. Quando il giovane Luigi XIV iniziò a muovere i primi passi nello scenario politico europeo, a Venezia si era già intuito che l'obiettivo del *Cristianissimo* era la supremazia continentale e pertanto il suo aiuto non appariva così scontato. Dopo il 1660 iniziò il lento riavvicinamento con Vienna, ma gli Asburgo d'Austria si trovavano in angustie altrettanto gravi e inoltre erano poco inclini a soccorrere uno stato contro il quale avevano combattuto fino al 1617, senza considerare che un indebolimento veneto era un'evenienza che la cancelleria austriaca non disprezzava affatto. Se la possibilità di ottenere soccorsi dalle maggiori monarchie appariva remota, nemmeno l'aiuto di una grande repubblica come quella dei Paesi Bassi era a portata di mano.

Nel 1648 le 'Sette Provincie' erano uscite vittoriose dal lungo conflitto contro la Spagna, ma dal 1652 al 1654 e poi dal 1665 al 1667 dovettero sostenere una lotta durissima contro gli inglesi, mentre contemporaneamente fronteggiavano i portoghesi nell'Oceano Indiano e in America meridionale. Dai Paesi Bassi erano giunti tecnici e marinai, ma si trattava di contributi limitati e non a buon mercato. In ultima analisi, anche se i rapporti fra Venezia e le Province rimanevano cordiali, alla metà del Seicento gli intraprendenti mercanti

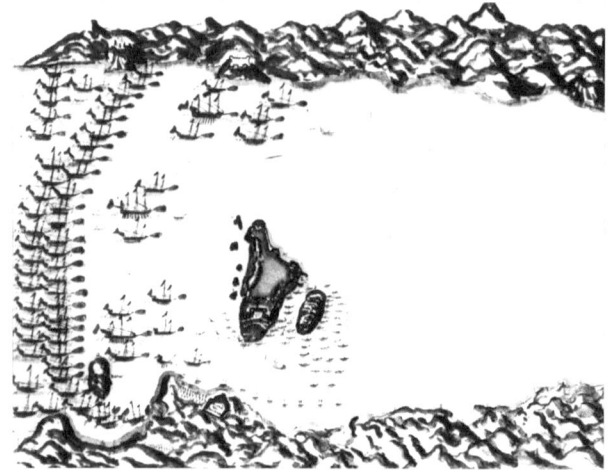

◄ **Il tentativo di sbarco a Suda** del maggio 1649 fu una delle rare azioni anfibie tentate dalla flotta turca dopo quelle dei primi anni di guerra. Nonostante i grandi mezzi impiegati, i difensori -comandati da Pietro Diedo - respinsero l'assalto, avvalendosi delle batterie che facevano fuoco sul pelo dell'acqua e delle efficienti opere difensive, ristrutturate pochi anni prima dagli ingegneri inviati da Venezia. A seguito di quella vicenda, Diedo iniziò una brillante carriera nell'*Armata*, arrivando a ricoprire i gradi di capitano straordinario delle navi e provveditore generale.

The attempt to land at Suda Bay in May 1649, it was a rare amphibious actions attempt by the Turkish fleet in the first years of war. Despite the great resources used, the defenders - led by Pietro Diedo - repelled the assault with their batteries, firing on the surface of water and thanks to the efficient defensive works, renovated a few years ago by engineers send from Venice. Following that event, Pietro Diedo began a brilliant career, reaching the rank of captain of the sail ships and vice-admiral.

nederlandesi cominciavano a rappresentare una concorrenza temibile anche nel Mediterraneo, capaci di insidiare alla stessa Venezia il monopolio del commercio su quelle rotte; pertanto una loro presenza ancora più rilevante rischiava di trasformarsi in un danno economico con conseguenze catastrofiche. La situazione internazionale era talmente fluida che anche i conflitti sorti in regioni distanti dal Mediterraneo potevano avere ripercussioni su larga scala.

La guerra iniziata nel 1655 fra Svezia e Polonia provocò l'intervento degli Asburgo, della Danimarca e del Brandeburgo fino a coinvolgere l'Impero Ottomano, sceso in campo per riportare all'obbedienza il gran principe di Transilvania, reo di aver aggredito la Polonia, stato che al pari del principato ungherese pagava un tributo a Istanbul. Pure le dispute minori, come le brevi guerre di Brema, di Münster e della Frisia Orientale combattute fra il 1653 e il 1666, contribuirono a rendere difficoltose le trattative per siglare accordi o ricevere aiuti dall'esterno, specie perché questi conflitti tendevano a catalizzare la presenza dei soldati professionisti in regioni meno inospitali di quelle dove si combatteva per le sorti di Candia. Anche quando il senato veneto stanziò cifre considerevoli per ottenere aiuti in soldati e materiale da guerra, non sempre fu in grado di reperire le forze che gli necessitavano per condurre una campagna offensiva e scacciare i turchi da Creta. L'opera di reclutamento all'estero si scontrò pure con le crisi regionali, come avvenne in Svizzera durante la rivolta contadina nel 1653 e la prima guerra di Villmergen nel 1656, con i cantoni cattolici opposti a quelli protestanti. In pratica gli aiuti esterni, sia sotto forma di alleanza militare vera e propria che quelli ottenuti con il denaro, giunsero da Malta, dalla Francia, da qualche principe della Germania e dagli altri stati italiani. Fra questi ultimi il sostegno del papa non fu sempre incondizionato e soggetto ad alti e bassi notevoli. Il pontificato di Innocenzo X Pamphili fu tutto sommato poco favorevole a Venezia, che aveva combattuto contro lo Stato Ecclesiastico nella guerra di Castro (1641-44), tanto che solo con il pontificato di Alessandro VII, iniziato nel 1655, si ristabilirono relazioni più strette e gli aiuti divennero più consistenti. Nel 1667 il nuovo pontefice Clemente IX si fece promotore di una lega antiturca alla quale aderì anche la Francia e che raccolse effettivamente aiuti di grande utilità in navi, uomini e materiali; l'egida del papa nelle ultime due campagne della guerra fu sottolineata dalla nomina di suo nipote Vincenzo Rospigliosi a *generalissimo* della flotta alleata. Le esigenze della guerra spinsero il Senato a ricorrere a misure straordinarie e a compromessi diplomatici contrari alla tradizione della politica estera veneziana. Le concessioni fate al papa in materia di nomine dei vescovi veneti e il ritorno dei gesuiti nella Repubblica servirono al governo per procedere all'alienazione di parte del tesoro di San Marco e a incamerare le rendite degli ordini religiosi soppressi. In definitiva il sostegno del pontefice significò per Venezia la rinuncia alle antiche prerogative di autonomia e molto altro. L'ostinata laicità dei veneziani indusse gli ottomani ad agire ai loro danni, potendo influire sulle decisioni che l'arcivescovo costantinopolita prendeva in materia di religione nei confronti dei greci che vivevano nel dominio veneziano. Un terremoto investì la stessa Creta nel 1655, quando la Porta incoraggiò la nomina di un vescovo ortodosso sull'isola, evenienza che in passato i veneziani avevano avversato con tutte le loro forze e che adesso diventava uno strumento del gran visir per ottenere il consenso della popolazione. Priva delle angustie e delle incertezze della diplomazia internazionale, la Porta dovette però fra i conti con la debolezza intrinseca del suo apparato statale. Già all'inizio delle ostilità la macchina da guerra ottomana aveva palesato la sua impreparazione nel portare a compimento la conquista dell'isola, specie quando non fu in grado di assicurare i rifornimenti alle truppe e anche se col terzo anno di campagna si era resa padrona di quasi tutta Creta, senza rifornimenti e nell'isolamento derivante dal blocco navale veneto, i possessi sull'isola rappresentavano poco più che una testa di ponte.

La destituzione del sultano Ibrahim I non fu sufficiente a restituire ordine allo stato e anche gli anni successivi furono contrassegnati da una cronica instabilità politica che condizionò fortemente le operazioni militari, fino quasi a provocare il fallimento della campagna. Alla fine degli anni Cinquanta Istanbul dovette fronteggiare la crisi transilvana, la quale aveva assorbito una parte del suo esercito, impiegando quasi tre anni per piegare la resistenza di un avversario la cui forza sembrava insignificante se confrontata con quella messa in campo dalla Porta. Le rivolte interne e la corruzione avevano minato le istituzioni dell'impero e anche se con l'avvento dei Köprülü alla direzione del governo i disordini e gli eccessi erano stati duramente repressi, gli equilibri politici rimasero a lungo incerti e il meccanismo dell'amministrazione statale impiegò anni per tornare a un'efficienza ottimale. In quel periodo per la Porta non mancarono impegni su altri fronti: le incursioni dei cosacchi sul Mar Nero; la già citata crisi in Transilvania del 1659; il successivo, cruciale, confronto con l'imperatore in Ungheria, conclusosi con la dolorosa sconfitta di Szent Gotthard del 1 settembre 1664, tutti episodi che contribuirono a rimandare la soluzione del conflitto cretese ad altri momenti.

2a battaglia dei Dardanelli, 21 giugno 1655:

Veneziani (Lazzaro Mocenigo):
- 25 vascelli:
Capitana, Aquila Coronata, Profeta Samuel, Tomaso Francesco, Campo d'Oche, Principessa grande, Tre Re, Croce d'Oro, Sacrificio d'Abramo, Lepre Rosso, Principessa piccola, Corona, Gallo d'Oro, Ercole grande, Re David, Isabella Maria, David e Golia, Pesce Triglio, Arma di Nassau, Lionessa, Arma di Lech, Sant'Antonio di Padova, Leon Negro
- 4 galeazze e 6 galee

Perdite: 1 vascello affondato (*David Golia*); 126 morti e 180 feriti.

Ottomani (Murad Pasha):
- flotta principale:

36 vascelli
8 maone
60 galee

Perdite: 11 vascelli; 1 galeazza e 1 galea affondati; 358 prigionieri.

▲ **La terza battaglia dei Dardanelli,** combattuta il 26 giugno del 1656, si concluse in maniera catastrofica per gli ottomani, che persero praticamente tutta la loro flotta, contro la perdita di tre soli vascelli e 207 uomini da parte veneziana. La sconfitta provocò un'ondata di panico a Istanbul e spinse la corte a fuggire dal palazzo del Topkapi, temendo come imminente uno sbarco nemico. (Archivio degli autori)

The third battle of the Dardanelles was fought on June 26th 1656 and ended with a catastrophic defeat for the Ottoman side, who almost lost the entire fleet, against the loss of only three vessels and 207 men on the Venetian counterpart. The defeat created a wave of panic in Istanbul, causing the court's flight from the Topkapi, fearing of an imminent enemy landing.

3a battaglia dei Dardanelli, 26 giugno 1656:

Veneziani (Lorenzo Marcello):
- 29 vascelli:
Fregata Contarini, Tomaso Francesco, Principessa grande, Tre Re, Croce d'Oro, Sacrificio d'Abram, Aquila Coronata, Profeta Samuel, Arma di Nassau, Lionessa, Arma di Lech Leon Negro, Madonna del Carmine, Santa Caterina, Profeta Elia, San Bartolamio, Fama Volante, Ercole, Rosa Bianca, Speranza, Principe di Colonia, San Pietro, San Marco, Santa Margherita, Paramore
(altri 2 vascelli sconosciuti)
- 7 galeazze e 24 galee
Perdite: 2 vascelli affondati (*Arma di Nassau* e *San Pietro*), 1 vascello arenato e abbandonato (*San Marco*); 207 morti, 260 feriti e 94 dispersi

Maltesi (don Gregorio Carafa):
- 7 galee
Perdite: 40 morti e 100 feriti.

Ottomani (Kenan Sinau)
- 4 grandi vascelli - 24 vascelli - 2 pinchi
- 9 maone - 61 galee
Perdite: 4 grandi vascelli catturati; 22 vascelli affondati; 2 pinchi catturati; 4 galeazze affondate e 5 catturate; 34 galee affondate e 13 catturate.

▲ **Paleocastro,** una fortezza su uno sperone di roccia con un piccolo approdo per le galee sulla costa sud occidentale di Creta, fu conquistato nel maggio del 1649 dalla flotta turca sotto Voìnok Ahmed pasha, il quale riuscì a eludere la sorveglianza veneziana e a sbarcare davanti a Paleocastro con 7.000 uomini e munizioni per l'assedio, che si concluse dopo pochi giorni con la resa della piccola guarnigione veneta.

Paleocastro, a fortress on a jutting rock with a little haven for galleys in south west of Crete was conquered in May 1649 by the Turkish navy under Voinok Ahmed pasha, who was able to elude the Venetian surveillance and land with 7.000 soldiers and ammunitions for the siege, soon interrupted with the surrender of the little garrison.

◄ **Ferdinando II de'Medici, granduca di Toscana,** qui ritratto in abbigliamento alla turca. Il granduca fu in ordine di importanza il terzo maggiore alleato italiano di Venezia nelle campagne navali contro la Porta; aiuto concretizzatosi con lo sporadico invio nell'Egeo delle galee dell'ordine di Santo Stefano. L'interesse della politica medicea per il Levante era aumentato proprio sotto Ferdinando II, il quale aveva stretto rapporti con i capi ribelli drusi della montagna del Libano e progettato un'incursione a Gerusalemme per smontare il Santo Sepolcro e trasportarlo a Firenze.

Ferdinando II de 'Medici, Grand Duke of Tuscany, portrayed in Turkish dress. The Grand Duke was in order of importance the third major Italian ally of Venice. His effort developed with the occasional sent of the order of St. Stephen galleys. The interest of the Medici for the Levant was increased specifically under Ferdinand II, who had close relations with the rebel leaders of the Druze of Lebanon and planned a raid to Jerusalem to dismantle the Holy Sepulcher and transport it to Florence.

LA GUERRA SUL MARE
I COMANDI, LE ARMI E IL REMO

La lunga guerra di Candia dimostrò che la flotta veneziana, se condotta efficacemente, rappresentava un formidabile strumento di guerra, capace di portare la guerra fino alle coste dell'Anatolia, molto vicino alla capitale dell'Impero Ottomano, e arrivando quasi a provocare il collasso della rete di rifornimenti per l'esercito avversario. Il livello degli ufficiali della marina veneziana fu in quegli anni senz'altro fra i più elevati di tutta la storia della Serenissima. Malgrado l'esito deludente della guerra, le imprese e le vittorie ottenute in ventiquattro durissimi anni di lotta sui mari sono la dimostrazione più evidente delle straordinarie qualità dei capitani e degli equipaggi veneziani. Il caso delle famiglie Foscolo, Barbaro, Grimani, Marcello, Mocenigo e Morosini, che fornirono eccellenti capi militari - sia di mare che di terra - testimonia come, nonostante il declinante interesse dell'aristocrazia italiana al mestiere delle armi, esistesse ancora una tradizione capace di reggere il confronto con le grandi marinerie dell'epoca. Malgrado gli inizi poco promettenti, nel corso della guerra la Serenissima fu in grado di formare un rilevante numero di ufficiali preparati e motivati. Questo appare ancora più straordinario, se pensiamo che una delle caratteristiche più importanti del processo di formazione della classe dirigente veneziana risiedeva nell'elevato turn over cui gli aristocratici erano sottoposti all'interno del sistema politico e amministrativo della Repubblica. Era raro che un nobile ricoprisse cariche pubbliche per molto tempo e anche nella marina, come nell'esercito, molte funzioni non duravano a lungo, anche perché gli ufficiali erano chiamati a ricoprire altri incarichi nella macchina statale e potevano terminare in anticipo rispetto ai tre anni prestabiliti. Questo significava che Venezia non disponeva di un numero elevato di ufficiali professionisti che facevano della vita militare la loro scelta definitiva. Ma del resto agli inizi del Seicento quasi nessuna flotta europea possedeva un corpo di ufficiali navali professionisti: le Province Unite si dotarono di ufficiali di marina da guerra di professione a partire dal 1626, mentre in Inghilterra fu solo verso la metà del secolo che si creò un moderno corpo di ufficiali pagati dal governo. Ogni analogia con le marinerie occidentali scompare quando si osservano la composizione e la formazione della classe ufficiali della marina ottomana. L'opzione di Istanbul di evitare ad ogni costo lo scontro sui mari non contribuì alla formazione di un corpo ufficiali di marina preparato e per tutta la prima parte della guerra si curò molto poco il livello di istruzione tattica dei capitani, formando gli equipaggi con volontari attratti dall'ingaggio o da un impiego nel kapikulu e ricorrendo in molte occasioni a nominare *beg* di una nave qualche

▶ *Azab, levend e mensugat* costituivano la fanteria della marina ottomana. I primi appartenevano alla flotta del sultano, mentre gli altri erano reclutati dei governatori delle province costiere, le stesse che concorrevano alla formazione della squadra delle galee *beylere*. Mentre riguardo i levend esiste una vasta iconografia, per i mensugat le informazioni sono assai scarse, anche perché non esistevano prescrizioni sull'abbigliamento, a parte quelle vigenti per tutti. Rispetto alle truppe di terra, che abbandonarono arco e frecce dopo pochi anni, l'armamento individuale della fanteria imbarcata comprendeva dopo il 1650 una percentuale ancora consistente di arcieri.

Azab, Levend and Mensugat were the Ottoman navy infantry. The azab belonged to the Sultan's fleet, while the others were recruited from the governors of the coastal provinces, the same who competed in the formation of the beylere galleys squadron. About levend is available a vast iconography, while is very scarce information concerning the Mensugat corps, partly because there were no special requirements regarding their dress. Compared with land troops, who left bow and arrows after a few years, around 1650 the individual weapons of the embarked infantrymen included a yet consisting percentage of archers.

◀ **La battaglia di Fochies del 12 maggio 1649** fu il primo grande scontro navale della guerra. La flotta ottomana, sfuggita alla sorveglianza veneta dei Dardanelli, cercò rifugio nella baia difesa da una fortezza costiera, incalzata dalle galee di Jacopo Riva. Nello scontro gli ottomani persero 9 vascelli, 3 galee e 3 maone. (Olio su tela di Abraham Beerstraten, 1643-1666; Riyksmuseum Amsterdam)

The Battle of the Fochies fought in May 12, 1649, was the first major naval engagement of the war. The Ottoman fleet, escaped the surveillance of the Venetian in the Dardanelles, sought refuge in the bay protected by a coastal fortress, but followed by the galleys of Jacopo Riva. In the battle the Ottomans lost 9 ships, 3 galleys and 3 mavuna.

intraprendente giannizzero o sipahy. Nei resoconti delle battaglie navali gli equipaggi ottomani dimostrano molte volte una preparazione approssimativa, che si traduceva nella scarsa coordinazione fra le squadre e la poca coesione delle formazioni di battaglia; il dispositivo entrava facilmente in crisi sotto i colpi di avversari risoluti e decisi a sfruttare l'impatto offensivo: la sorte delle navi ottomane appariva allora simile a quello di un gregge impaurito, assalito da un branco di lupi. A poco contribuirono la migliore preparazione dei Barbareschi o di qualche governatore delle province costiere di fronte a una condizione così disastrata di tutta la marina. A tutto ciò si aggiunsero le tante sconfitte patite, le quali annichilirono il morale della flotta fino a trasformarla in uno strumento utilizzato soltanto per il trasporto di uomini e rifornimenti per la continuazione dell'assedio a Candia. Osservando le carriere dei kapudan pasha succedutisi fra il 1645 e il 1669, si nota come venissero indifferentemente insediati a capo della flotta uomini con o senza esperienza di mare. Per tutto il periodo anteriore al 1656, ovvero fino all'insediamento del gran visir Köprülü Mehmet, solo due dei dodici kapudan pasha potevano dirsi veri marinai. Nell'Impero Ottomano le carriere ad alti livelli obbedivano a dinamiche ancora più particolari di quelle esistenti a Venezia. La nomina del circasso Koca Dervis Mehmet nel 1652 fu il punto di arrivo di una carriera ad alti livelli iniziata nel 1649 con la nomina a beglerbeg della Bosnia, dove però era stato sostituito alla fine dell'anno a causa degli scarsi risultati ottenuti in Dalmazia. Altrettanto singolare la carriera del bosniaco Kara Musa, kapudan pasha dalla primavera del 1646, che guidò la flotta fuori dal Dardanelli, ma solo per andare a rifugiarsi a Negroponte inseguito dalle navi di Tommaso Morosini. Quando le notizie riguardanti la flotta immobilizzata giunsero a Istanbul, l'ira del sultano fu tale da minacciare la revoca di tutti i permessi commerciali con l'Occidente; ma per effetto del curioso, per non dire deplorevole, scenario politico ottomano, Kara Musa fu sul punto di ottenere la nomina a gran visir, se la morte avvenuta in combattimento il 27 gennaio del 1647 non glielo avesse impedito. La corruzione a tutti i livelli contribuì a far accedere uomini privi di talento in molti posti chiave, compreso quello di ammiraglio, nonostante la minaccia avversaria fosse così vicina alle coste dell'impero. Una caratteristica del cerimoniale di corte ottomano, consisteva nel donativo che tutti i funzionari versavano al superiore al momento di una promozione o di una nuova nomina. In origine si trattava di oggetti preziosi, ma tutto sommato simbolici; poi, soprattutto sotto il regno di Ibrahim I, diventò normale elargire somme di denaro per l'ottenimento di qualsiasi incarico. Il caso più eclatante fu quello che coinvolse il kiaya dell'arsenale di Galata, Weli Ammaroglu, che nel febbraio del 1648 comprò letteralmente la nomina a kapudan corrompendo il gran visir Sofi Mehmet. Per molti anni tutta la classe ufficiali della flotta fu afflitta dalle lotte intestine che imperversavano a ogni livello, con tutto il corollario di malversazione e corruzione ad esse connesso, tanto che le epurazioni eseguite sotto il gran visirato di Köprülü Mustafa colpirono duramente e non destò stupore nell'estate del 1656, a seguito della disastrosa sconfitta subita nella terza battaglia dei Dardanelli, l'ordine di giustiziare tutti gli ufficiali coinvolti; perfino i parenti del kapudan pasha Kenan, responsabile della catastrofe, vennero arrestati e interdetti da ogni incarico militare e civile. Un anno dopo, Topal Mehmet, responsabile della mancata riconquista di Tenedo (od. Bozcaada in Turchia), fu fatto strangolare dagli schiavi delle galee per ordine del gran visir. Per meglio comprendere l'operato degli ammiragli ottomani, non andrebbe sottovalutata la condizione psicologica nella quale si trovarono ad agire. Il prestigio della carica e l'opportunità di ottenere grandi compensi potevano passare in secondo piano di fronte ai rischi che quella posizione comportava. Inoltre per molti si trattava di dover operare in un contesto, il mare, con il quale avevano poca familiarità, avvalendosi di subordinati che occupavano quelle posizioni grazie all'appoggio di qualcuno o per la corruzione, senza infine considerare l'evenienza di essere arrivati a capo della flotta solo per essere eliminati più facilmente; proprio come accadde al valoroso *deli* Hüseyn, nominato kapudan pasha nella primavera del 1658 dal gran visir Köprülü e poi fatto giustiziare prima della fine dell'anno. L'azione dei kapudan pasha era quindi per definizione insicura ed esposta a gravi pericoli e questo li poneva in una condizione nella quale, per evitare le critiche, era necessario esporsi in prima persona ai rischi della guerra sul mare, considerato che il loro diretto antagonista, il capitano generale da mar, non esitava a dare l'esempio combattendo al pari di qualsiasi altro marinaio. Questo viatico fu per due volte fatale ai comandanti ottomani; oltre al già citato Kara Musa nel gennaio del 1647, nel giugno di due anni dopo fu la volta di Voìnok Ahmed Pasha a perdere la vita, tagliato in due da una cannonata durante il tentativo di conquistare l'isola di Suda. Anche quando si trovavano comandanti con buone competenze, rimaneva il problema di come affrontare avversari agguerriti come i veneziani.

▲ **Un vascello costruito a Venezia** esce dall'arsenale sollevato sui *camelli*, la soluzione escogitata per ovviare alla bassa profondità della laguna. La disparità con i rivali inglesi e olandesi divenne più evidente nel naviglio mercantile che in quello da guerra e le ragioni furono molteplici. Anzitutto a Venezia la maggior parte delle risorse materiali e tecnologiche vennero assorbite dalla flotta da guerra e la disponibilità di legname e canapa diminuì notevolmente proprio a partire dalla fine del XVI secolo. (Archivio degli autori)

A Venetian vessel leaves docks propped on "camelli" the perfect solution to the shallow waters of the lagoon. The disparity with English and Dutch counterparts became more apparent in merchant ships than war vessels for various reasons; the main one being that materials and technology alike were absorbed chiefly by war fleet, but also because availability of wood and oakum had diminished dramatically since the end of 16th century.

Il creolo Hosambegzade Alì, kapudan pasha dal 1650 al 1651 e noto in occidente col curioso soprannome di 'Mazzamamma', fu probabilmente il migliore ufficiale navale della prima parte della guerra, ma la sfortuna gli mise di fronte avversari del calibro di Alvise Mocenigo, Lorenzo Marcello e altri comandanti destinati a formidabili carriere, mentre fra i suoi ufficiali poteva contare soltanto su un capitano sperimentato, il comandante dei vascelli Mustafà Beg, ovvero il rinnegato Nicolò Furlan. L'esito sfavorevole della campagna del 1651, con la sconfitta subita nelle acque fra Santorini e Naxos, provocò la sua destituzione, ma ciò non gli impedì di riprendere il comando della flotta dieci anni dopo, riuscendo a ottenere qualche successo nel controllo delle rotte che portavano i rifornimenti a Creta. Non passò tuttavia molto tempo che Ali morì a Chios nel maggio del 1661, contagiato dall'epidemia di peste che aveva colpito Creta l'anno precedente e sostituito dal figlio Abdulkadir. Come suo padre, il nuovo ammiraglio era un uomo di mare, ma nonostante la nuova fase di governo instaurata dai Köprülü, anche la sua esperienza appare emblematica. Il kapudan pasha mosse la flotta da Chios a Rodi ma poi, venuto a conoscenza dei piani della flotta veneziana a seguito della cattura di un brigantino che portava lettere di Giorgio Morosini, fece vela per Creta. Le flotte si avvistarono reciprocamente, ma un violento fortunale le separò. Il 26 agosto 1661, al sorgere del sole, la flotta veneta avvistò nuovamente le navi ottomane che si trovavano in gran disordine al largo di Milos e le attaccò. Da parte veneziana si registrò la perdita di un galeone che trasportava 110 prigionieri turchi che furono così liberati, ma gli ottomani persero circa 4.000 uomini fra morti e prigionieri, 6 galee affondate e altre 2 catturate dalla capitana di Venezia e dalle galee maltesi. Malgrado questo scacco Abdulkadir riprese la rotta per Athalia - dove si trovavano asserragliati i pasha ribelli coi loro seguaci - e dopo aver sbarcato l'artiglieria si dispose ad assediare la città. Questa si arrese e il successo servì a dissipare il malumore del gran visir per l'insuccesso di Milos. Abdulkadir ebbe salva la vita, ma fu sollevato dall'incarico e sostituito dal genero di Köprülü Mehmet, Merzifonlu Kara Mustafa.

Malgrado le profonde differenze fra il corpo ufficiali turco e quello veneziano, alcune analogie possono essere trovate esaminando le figure ai vertici della flotta. Il corrispettivo veneziano del kapudan pasha era evidentemente il capitano generale da mar, la cui attività fu altrettanto condizionata dalle imprevedibili dinamiche della politica. A proposito del capitano generale, il già citato cardinale Pannocchieschi, scriveva che egli non era *padrone d'altro che de' legni soggetti all'incostanza delle onde e de' venti, et il suo commando è così limitato che nello sbarco si perde*. L'opinione di altri osservatori non confermerebbe questa affermazione e ci permette di considerare il ruolo del comandante in capo veneziano in maggior dettaglio. L'ambasciatore inglese Henry Wotton ai primi del secolo parla senza mezzi termini di una specie di dittatura, mentre il francese Amelot de la Houssaie annota: "*il suo potere è assoluto su tutti gli altri generali e capitani, che sembra essere un dittatore o almeno un sovrano (…). La sua autorità non si estende solo sulla flotta, ma ancora su tutti i porti, le isole e le fortezze, dove si obbedisce ai suoi ordini senza replicare.*" L'autorità del capitano si era accresciuta nei secoli: "*Altre volte il Senato non permetteva* (al Capitano Generale) *di intraprendere niente senza che gli fosse conferito avviso, ma siccome la distanza ritardava molto gli affari, e tutte le risoluzioni venivano prese quando le opportunità erano sfumate, gli venne lasciata la libertà di fare tutto quello che riteneva necessario secondo le occorrenze*", a patto di servire bene la patria. Non è un caso che per rendere ancor più rilevante la sua dignità, al capitano generale si conferisse in modo automatico la carica di procuratore di San Marco, anche se poteva accadere che il rendimento nelle operazioni ne condizionasse l'assegnazione. Nonostante ciò, pur disponendo di poteri di vita e morte su chiunque e non ricevendo compiti precisi all'inizio di ogni campagna, il capitano generale da mar, come il kapudan pasha, non disponeva di un margine di autonomia illimitato. Egli doveva infatti confrontarsi con le autorità in Levante, dotate di altrettanto prestigio e maggiormente sperimentate - come i provveditori generali di Candia, della Dalmazia, e *delle Tre Isole* (Zante, Corfù e Cefalonia), strettamente legate alle realtà locali e gelose delle loro prerogative. Il capitano generale doveva inoltre risolvere nelle *consulte* tenute sulla propria galea gli interminabili dissidi fra i comandanti alleati, quasi inevitabili a detta dello storico contemporaneo Andrea Valiero: "*disconci, che hanno pregiudicato sempre alla Repubblica, ma disconci ordinarii tra quelli che devono nutrirsi d'una medesima vivanda. E sebben il senato eccitava continuamente tutti i rappresentanti all'unione degli animi, il male s'è riconosciuto senza rimedio*". La rivalità esistente fra gli alleati fu più di una volta causa di ritardi, contrattempi e fallimenti. Le questioni di precedenza insite nel complesso cerimoniale esistente nelle relazioni fra gli stati, venivano impugnate a pregiudizio di personalità invise a qualche potente del campo alleato. Spesso il governo veneto si lagnò di queste meschine rivalità, ottenendo l'appoggio di qualche alleato, tuttavia nemmeno fra i veneziani regnò sempre l'armonia e in certi casi si assistette a comportamenti incomprensibili, spiegabili solo con la necessità di non urtare la suscettibilità di qualche importante famiglia, col risultato di

▲ **Girolamo Foscarini, capitano generale da mar nel 1655**, aveva risalito la gerarchia interna fino a rivestire l'incarico di provveditore generale in Dalmazia. Nonostante non avesse particolari doti marinare, la sua nomina, come spesso in altri casi, avvenne per i condizionamenti della politica veneziana, sempre preoccupata di mantenere l'equilibrio dei poteri nella classe aristocratica.

Girolamo Foscarini, captain general in 1655, had passed through the internal hierarchy before becoming General provveditor in Dalmatia. Although he had any special qualities as a naval commander, his appointment - as often in other cases was influenced by Venetian politics, always concerned to maintain the balance of power in the aristocratic class.

◄ **Lo sbarco a Volo**s del maggio del 1655 fu diretto dal *generale dello sbarco* Alessandro del Borro, con la flotta delle galee agli ordini di Francesco Morosini. L'assalto rientrava nel piano di operazioni venete contro i porti nei quali gli ottomani raccoglievano i rifornimenti destinati a Creta, allo scopo di aggirare il blocco navale dei Dardanelli. A Volos i veneziani distrussero ingenti quantità di derrate alimentari e altro materiale pronto a essere imbarcato. (Particolare dal ciclo di affreschi sulle imprese di Francesco Morosini; Museo Correr, Venezia)

The landing of Volos in May of 1655 was directed by General Alessandro del Borro, with the fleet of galleys under Francesco Morosini. The assault was part of the plan of operations against the ports where Ottomans stored the supplies destined to Crete, in order to avoid the blockade of the Dardanelles. At Volos the Venetians destroyed large quantities of food and other materials ready to be shipped.

escludere da posizioni di comando personaggi che invece avevano dimostrato di possedere qualità utili per la continuazione della lotta. A tale riguardo è noto il contrasto, poi sfociato in aperta ostilità, fra Francesco Morosini e Antonio Barbaro, quest'ultimo malgrado fosse considerato uno dei migliori ufficiali veneziani, fu costretto a dimettersi a causa del capitano generale. Di questo stato delle cose ne risentirono in egual misura tanto la marina come la difesa di Candia e le altre operazioni di guerra. Secondo l'opinione di alcuni storici, la dedizione dell'aristocrazia alle carriere in mare è da osservare con cautela. Il capitano generale a Venezia è infatti un caso particolare di capitano-principe. Conseguentemente alla costituzione di repubblica nobiliare, nella quale il potere era teoricamente condiviso in forma uguale fra i componenti il patriziato, a Venezia il capitano generale era al tempo stesso membro della massima sovranità e servitore di quella stessa sovranità.

La doppia valenza della carica di massimo capitano, oltreché l'evenienza di dover sostenerne costi gravosi, sono i fattori che spiegano perché nella scelta fra i candidati i motivi siano spesso stati non tanto la preparazione tecnica – potendo capitare che non fosse richiesta nessuna esperienza specifica - ma le pressioni politiche, la posizione di preminenza e di prestigio all'interno di una fazione nobiliare, la ricchezza personale, le ondate di entusiasmo seguite alle vittorie. E' quanto si osserva ad esempio nel 1645 con Giovanni Cappello: *Senatore di non grande esperienza nelle cose marittime*, ma alla fine eletto: *"...per la bontà de' costumi, e per la severità usata in altri supremi magistrati della Repubblica"*. Alla prova dei fatti, però, Cappello non riuscì ad archiviare alcun successo e, dopo non essere riuscito a impedire la perdita della Canea, nel 1646 assistette impotente anche alla caduta di Retimo. Nel 1663, per la sostituzione di Giorgio Morosini alla carica di capitano generale, furono scelti prima Angelo Correr e poi Battista Nani, ma entrambi rifiutarono dichiarandosi *alieni* alle cose di mare. Lo stesso Nani, storiografo del governo, giudicava uno degli eroi del conflitto, il capitano generale Alvise Mocenigo, *non esperto in cose di guerra*. Emblematico il caso che emerge da un anonimo trattato del 1664, che definisce Antonio Barbaro come uno dei più tenaci combattenti e *miglior soldato della Repubblica*, ma poi aggiunge che *essendo di povera e mal veduta casata, stenterà a*

◄ **L'azione contro Chios** fu l'impresa culminante della campagna navale del 1659 e consolidò definitivamente l'indirizzo anfibio della strategia veneziana, diretta contro le isole dell'Egeo allo scopo di distruggere le installazioni portuali e i depositi allestiti dagli ottomani. A Chios le galee del capitano generale Francesco Morosini penetrarono nel porto e sbarcarono ottocento soldati, penetrati nella città fortificata dopo un combattimento durato molte ore. (Part. dal ciclo di affreschi sulle imprese di Francesco Morosini; Museo Correr, Venezia)

The assault on Chios was the most important action of the naval campaign in 1659, which consolidated definitively the amphibious address of the Venetian strategy, directed against the islands of the Aegean in order to destroy port facilities and depots set up by the Ottomans. The galleys of Francesco Morosini penetrated into the harbor and landed eight hundred soldiers, who conquered the fortified city after a fight that lasted several hours.

◄ **L'assalto all'isola di Schiatti** (Skathos) nel 1660, fu un altro degli sbarchi effettuati nel corso delle campagne nell'Egeo di Francesco Morosini, che anticipò di quattro mesi la più vasta azione diretta alla riconquista della Canea. In questo tipo di operazioni era la fanteria da sbarco a rivestire il ruolo più importante, ma non furono infrequenti i casi in cui si impiegò la cavalleria, i cui animali vennero trasportati sulle galee, rendendo ancora più difficili la condizione di vita a bordo.

far passaggio, e pure nissuno meriterebbe più di lui la dignità di Capitano Generale, carica che infatti il Barbaro non raggiungerà mai. Quanto le elezioni del capitano fossero soggette agli umori mutevoli del Maggior Consiglio lo si può constatare da quanto avvenne nel giugno 1656. Dopo la terza battaglia ai Dardanelli i membri più giovani respinsero il candidato del Senato, il *mediocremente povero* Antonio Bernardo, ed elessero il più giovane e ormai famoso Lazzaro Mocenigo, provocando il malumore di Francesco Morosini, altro importante personaggio che aspirava al comando. Le valenze politiche che sovrintendevano alla scelta del capitano erano essenziali se pensiamo alle capacità diplomatiche che quel ruolo richiedeva. Il capitano generale veneziano, innanzitutto, era portatore

The assault on the island of Schiatti (Skathos) in 1660, was another of the landings in the Aegean during the campaigns of Francesco Morosini, who anticipated four months the largest action direct to the reconquest of Chania. In this operation the infantry played a major role, but were not infrequent cases where the cavalry took part in the action, whose animals were transported to the galleys, making it even more difficult living conditions on board.

della sovranità della Serenissima; in secondo luogo doveva fronteggiare all'interno della sua *consulta* gli interminabili contrasti riguardo la *precedenza* fra gli ufficiali alleati, i capitani della Serenissima e i *provveditori da mar*; in terzo luogo, e soprattutto, l'attività di comando era sottoposta a severe indagini da parte del Senato, che spesso davano origine a processi sul suo operato e lo esponevano al giudizio dell'opinione pubblica. Si possono fare numerosi esempi sull'ambivalenza della reputazione di comandante supremo: il capitano ed eroe Leonardo Foscolo non riuscì mai ad arrivare alla massima dignità veneziana, il dogado, forse per il diffuso sospetto di aver intascato soldi stanziati per la guerra; Giorgio Morosini fu accusato di corruzione nel 1651; più di ogni altro Francesco Morosini dovette difendersi dai sospetti di peculato e altre cose, fino al famoso attacco di Antonio Correr nel 1670, che lo accusò di essersi indebitamente arreso al nemico a Candia nel settembre del 1669. Gli storici hanno puntato l'attenzione sulle possibilità di arricchimento - oltre che di ascesa politica - offerte dalla guerra navale, e alcuni hanno fatto loro l'opinione di Battista Nani, cioè che durante la guerra di Candia la corruzione abbia assunto un carattere strutturale. Probabilmente certi capitani cerarono di arricchirsi il più possibile a spese del pubblico, quasi a vendicarsi in anticipo dell'inquisizione cui immancabilmente erano soggetti alla fine dell'incarico e in questo agirono in modo simile a quanto si praticava nel campo nemico. Tanto i capitani generali come i kapudan pasha esercitavano il diritto di riservare per se stessi una parte del bottino di guerra o dei prigionieri per ottenere il riscatto; lo stesso esigevano gli ausiliari maltesi e italiani, ma nel corso della guerra si individuarono molti altri sistemi di arricchimento. Se sulla legittimità delle fortune accumulate dai comandanti esistevano a Venezia solo sospetti, a Istanbul c'erano vere e proprie certezze sull'origine illegale del denaro accumulato da certi personaggi, ma del resto la corruzione era talmente diffusa che in pochi ci facevano caso.

Uno dei fattori che in una certa misura contribuì alla dilatazione della durata del conflitto, andrebbe ricercato non soltanto nelle opzioni strategiche e nelle contingenze dei belligeranti, ma anche nell'accumulo di capitali che la guerra stessa generava. In primo luogo fra gli ottomani esisteva il forte interesse a ottenere i maggiori guadagni possibili da una guerra di conquista e malgrado l'occupazione di Candia non si fosse concretizzata in pochi anni, come si sperava, la ricerca di ricchezza finì per spostarsi verso altre opportunità. Si trattava di scelte rischiose, ma praticabili nel contesto di corruzione e di malgoverno nel quale era precipitato lo stato. I pericoli connessi al prolungamento del conflitto non erano solo quelli relativi all'accusa di speculazione e peculato che poteva colpire gli ufficiali; piuttosto non erano state messe in conto i pesanti rovesci subiti sul mare e la perdite di territorio avvenute in Bosnia, ma in ogni caso l'ipotesi di un armistizio non venne mai considerata dal governo e questo garantiva di per sé la continuazione della lotta. Conferma indiretta di tutto ciò sono le enormi fortune accumulate da tanti approfittatori, nonché l'anomalia nella storia dell'impero ottomano di un conflitto durato così a lungo. In molti si arricchirono con le confische e i saccheggi oppure speculando sulle forniture militari; anche se bastava il solo sospetto di malversazione a generare reazioni violente - come accadde nel 1656 al *defterdar* dei giannizzeri, Divrici Mehmet, inseguito e preso a sassate dai soldati che non avevano ricevuto lo stipendio - le opportunità per accumulare fortune erano talmente numerose e investivano tutti i livelli della macchina militare, da spingere molti ad approfittare della continuazione della guerra per fini personali. Innumerevoli furono i casi di arricchimento ottenuti indirettamente dalla guerra, che coinvolsero funzionari a tutti i livelli: nel 1648 il visir Kovanoz Ibrahim fu riconosciuto colpevole di aver intascato il denaro che serviva per l'arruolamento di volontari in Anatolia; anni dopo furono scoperte le enormi somme accumulate dai costruttori dei forti nei Dardanelli, ottenute vessando gli abitanti dei dintorni; la durezza disumana con la quale trattavano i malcapitati che avevano a che fare con loro, provocò un odio feroce e la maledizione generale della popolazione verso il governo.

Viceversa nel campo avversario il peculato avveniva spesso per cause più pratiche. Il comando di una galea o di una compagnia

▲ **Gli sbarchi ottomani a Tenedo e Lemnos** nell'estate del 1657 permisero la riconquista delle due importanti isole di fronte ai Dardanelli, cadute l'anno prima in mano ai veneziani. La vicinanza degli obiettivi alla terraferma consentì ai turchi di sbarcare le truppe riducendo al minimo il rischio di essere intercettati dalla flotta avversaria. La conquista fu facilitata anche dalla condotta dei provveditori veneziani Loredan e Contarini, che si arresero praticamente senza combattere. Per questo comportamento entrambi vennero cancellati dalla nobiltà e condannati a morte in contumacia. (Miniatura ottomana dal Surnâme i vehli, ca. 1720)

Ottoman landings at Tenedos and Lemnos in the summer of 1657 allowed the recapture of two major islands in front of the Dardanelles, both conquered the year before by the Venetian fleet. The proximity of targets to the mainland allowed the Turks to land troops while minimizing the risk of being intercepted by the enemy fleet. The conquest was also facilitated by the conduct of the Venetian provveditors Loredan and Contarini, who surrendered almost without fighting. For this behavior both were deleted from the nobility and sentenced to death in absentia.

◄ Nel 1658 prese forma il **piano di sbarcare un corpo di truppe alla Canea** per togliere il controllo del porto ai turchi e obbligarli ad abbandonare Creta. In quel periodo la corte di Modena agì da centro di coordinamento degli aiuti per quell'impresa, contribuendo essa stessa alla raccolta delle forze inviando 600 soldati e 200 rematori, che parteciparono alla campagna di guerra dell'agosto-settembre 1660. Incisione di anonimo da: L'Idea di un Principe et Heroe Christiano; Modena 1659.

In 1658 was designed the plan to land a corps of troops at Chania, to wrest control of the port to the Ottomans and to force them to leave Crete. The court of Modena acted as basis for that enterprise, helping itself to the collection of forces sending 600 soldiers and 200 rowers, who participated in the campaign of war in August-September 1660.

imponeva al sopracomito un notevole impegno finanziario, in quanto il reclutamento e il mantenimento dell'equipaggio richiedeva una transazione economica non indifferente, specie nei casi in cui il comandante doveva anticipare il denaro necessario. Come in ogni altro esercito occidentale di quel tempo, i capitani e i sopracomiti veneziani erano i titolari delle compagnie o degli equipaggi e per effetto di questo praticavano speculazioni più o meno lecite. I guadagni derivavano dalle trattenute sulle paghe, sul vestiario o sulle armi - poiché era improbabile che queste fossero consegnate a prezzo di costo - oppure dai compensi che percepivano dai rivenditori autorizzati di generi alimentari, quando non erano gli ufficiali stessi o loro soci i proprietari dei *cabaretti*.

A sua volta lo stato cercava con svariati mezzi di recuperare in breve tempo il denaro speso per le capitolazioni e di conseguenza i capitani facevano lo stesso con soldati e marinai prima che si ammalassero, oppure disertassero o cadessero in combattimento, perciò non era raro il caso di reclute che in pochi mesi dovevano rimborsare gli ufficiali, col risultato di spingerli al saccheggio per compensare le decurtazioni degli stipendi. Questo fenomeno, portò a eccessi rovinosi, come accadde nel 1660 a seguito dello sbarco veneziano alla Canea, quando interi reparti si sparpagliarono per le campagne alla ricerca di bottino, contribuendo con ciò al fallimento della campagna. Tre anni prima, Lazzaro Mocenigo, resosi conto del malumore degli equipaggi e delle truppe imbarcate, aveva consentito il saccheggio dei villaggi nei dintorni della fortezza di Svazichi (od. Sajadscick in Turchia), a solo vantaggio dei soldati e dei marinai.

L'arruolamento degli equipaggi, l'allestimento delle flotte e il loro mantenimento agivano da moltiplicatori di capitale, ma prosciugavano il tesoro statale. Il senato della Serenissima, cioè il massimo organismo politico di direzione dello stato, può essere considerato come una specie di consiglio di amministrazione della Repubblica. Sin dalle origini comprendeva esponenti del patriziato con ampi interessi nel commercio marittimo; era perciò ovvio che le decisioni del Senato fossero fortemente influenzate dalle esigenze del commercio e del ceto mercantile. La strategia navale fu pertanto fortemente condizionata da questo approccio tipicamente mercantilistico, che in passato aveva apportato grandi vantaggi, ma che in quegli anni rappresentò con ogni probabilità una delle cause della sconfitta. In altre parole l'investimento nelle spese militari da parte della Repubblica venne parcellizzato, avendo l'obiettivo di ottenere il maggior risultato con il minimo sforzo. Se al contrario si fosse investito in mezzi e uomini con maggior decisione nel momento in cui gli avversari si trovavano in difficoltà - evenienza che si verificò più volte in ventiquattro anni di guerra - l'esito poteva essere diverso e alla fine l'enorme debito accumulato risultare più contenuto. La tradizionale cautela dei mercanti della laguna è d'altronde ravvisabile nella composizione delle flotte messe in campo a partire dal 1648.

A parte gli anni iniziali e finali del conflitto, che videro in mare forze notevoli grazie all'apporto delle marine alleate e ausiliarie, la flotta veneziana si trovò spesso in difetto di mezzi. Le relazioni dei capitani generali concordano più volte nell'affermare che con qualche unità in più si sarebbe potuto ottenere

▼ **Il monumento alla memoria del principe Almerigo d'Este** nella chiesa di Santa Maria Gloriosa dei Frari a Venezia. Il giovane principe modenese fu il comandante delle operazioni di sbarco nel 1660 contro La Canea e successivamente davanti a Yeni Kandie, azioni entrambe fallite per i gravi errori strategici e per l'indisciplina delle truppe. Il contingente agli ordini del principe Almerigo era formato da soldati reclutati in Francia, Italia, Dalmazia, Grecia, Corsica e Germania.

The monument to the memory of Prince Almerigo d'Este in the church of Santa Maria Gloriosa dei Frari in Venice. The young prince was the commander of the landing operations in 1660 against Chania and then in front of Yeni Kandie, both actions failed for serious strategic mistakes and indiscipline of the troops. The contingent under Prince Almerigo consisted of soldiers recruited in France, Italy, Dalmatia, Greece, Corsica and Germany.

un successo completo, non soltanto nei grandi scontri nei Dardanelli, ma anche nelle crociere contro il naviglio da trasporto nell'Egeo o nel Mar d'Africa.

Il rapporto fra unità a remi e navi a vela col tempo diventò sempre meno a favore delle prime sulle seconde, aumentando solo quando furono presenti con l'*Armata* le galee degli ausiliari o *ponentini*, come li chiamavano i veneziani. Queste galee raggiunsero talvolta una consistenza numerica considerevole. Nel settembre del 1645 parteciparono all'infruttuosa spedizione contro La Canea 21 galee ausiliarie, di cui 6 maltesi e 5 ciascuno dallo Stato Ecclesiastico, da Napoli e dalla Toscana; a causa di un contrasto con i cavalieri di San Giovanni, la squadra di Genova abbandonò la flotta che si stava raccogliendo fra Civitavecchia e Messina, che altrimenti avrebbe portato il numero complessivo delle unità a una cifra mai raggiunta nel corso di tutta la guerra.

In seguito la flotta ausiliaria non superò mai il totale di 20 galee raggiunto nel 1667, quando gettarono l'ancora alla Standia 6 unità maltesi e altrettante del papa, più 4 ciascuna da Napoli e dalla Sicilia.

Quella presenza interruppe un intervallo di tre anni durante il quale nessuna galea ausiliaria aveva preso parte ad azioni congiunte con la flotta veneziana. Durante i ventiquattro anni di guerra i maltesi inviarono le loro galee in 13 campagne, in numero di 6 fino al 1647 e poi 7 a partire dal 1656; il papa unì le sue unità 10 volte fino a un massimo di 5 navi; il granduca di Toscana spedì la sua squadra nel 1645, poi soltanto 2 galee nel 1659 e 3 nel 1660. Nel 1658 giunsero anche 10 velieri noleggiati col concorso delle famiglie aristocratiche romane.

Il numero di vascelli sempre più perfezionati aumentò in maniera esponenziale nel corso degli anni e la stessa tendenza, sebbene più irregolare, si registrò anche nel campo ottomano. L'impulso a realizzare questo tipo di imbarcazioni provenne dall'andamento della guerra sul mare, ovvero quando si cercarono le contromisure per spezzare il blocco navale dei Dardanelli. Infatti nel 1649, pur avendo superato con le galee e le maone lo sbarramento veneziano - approfittando dell'assenza dei vascelli avversari che si trovavano lontani per rifornirsi d'acqua - gli ottomani non erano riusciti ad evitare la sconfitta di Fochies (od. Foça in Turchia) e così, dal 1651, la flotta del sultano lanciò un importante piano di costruzioni di vascelli da guerra a vela per provare a rompere l'assedio.

Nella primavera del 1651 vennero varate nei cantieri di Galata 10 nuove unità a vela, realizzate grazie all'arruolamento di tecnici europei, entrate in servizio nel giugno dello stesso anno con altre 5 acquistate da armatori privati occidentali. Proprio in quegli anni si registrò infatti il più consistente aumento di spesa da parte del tesoro ottomano, asceso secondo i dati riportati da Von Hammer a 687.200 *akçe*; il più alto di tutta la guerra e il più elevato anche in termini assoluti, in quanto produsse un deficit di bilancio di oltre 500.000 *akçe*. In quegli anni i migliori costruttori di velieri erano considerati gli olandesi e, subito dopo, gli inglesi. I rapporti fra Venezia e Londra furono però molto più alterni rispetto a quelli che da anni esistevano con le Province Unite dei Paesi Bassi e per questo motivo l'*Armata Grossa* si avvalse in così gran numero di navi e marinai di quelle regioni, che del resto dimostrarono in più occasioni le loro efficienza in combattimento, specialmente nell'artiglieria. Nella campagna del 1651, culminata con la

◄ **Il ritratto del duca di Modena Alfonso IV**, fratello maggiore del principe Almerigo, opera di Giusto Sustermans. La bella armatura brunita indossata dal duca è molto simile a quella che appare nel monumento funebre del fratello. Con ogni probabilità lo scultore che realizzò la statua del principe utilizzò come modello il ritratto realizzato fra il 1659 e il 1660, ovvero sei anni prima che il senato veneziano ordinasse la realizzazione del monumento.

The portrait of the Duke of Modena Alfonso IV, brother of Prince Almerigo, work of Giusto Sustermans. The beautiful polished armor worn by the Duke is very similar to that of his brother. Probably the sculptor who created the statue of the prince used the portrait as a model. Sustermans realized the paint between 1659 and 1660, six years before the Venetian Senate ordered the construction of monument.

▼ **I resti delle fortificazioni sull'isolotto di San Teodoro di Creta** (od. Agyos Theodoros) a poche miglia da La Canea, sui quali oggi sorge una chiesetta con alcune case. In quel luogo nel giugno del 1645 si consumò il primo atto della guerra di Candia con l'assalto da parte ottomana del presidio veneto, agli ordini del capitano Biagio Zulian. Vistosi nell'impossibilità di ricevere soccorsi, il comandante veneziano avrebbe dato fuoco al deposito delle munizioni, provocando l'esplosione del forte. San Teodoro fu poi riconquistata dai veneziani che demolirono le fortificazioni avversarie e successivamente venne rioccupata dai turchi che la tennero fino al 1668. (Foto Bruno Mugnai)

battaglia navale di Naxos, la maggior parte dei vascelli impiegati dai veneziani, sia le navi pubbliche che quelle noleggiate, proveniva dai Paesi Bassi; in quell'occasione un veliero era stato noleggiato nella repubblica anseatica di Amburgo, il *Rad des Glückes* (Ruota della Fortuna), da 40 cannoni, menzionato entusiasticamente nei rapporti per l'efficacia delle sue artiglierie *che fecero stage dei nemici*. Lo sviluppo tecnologico della marineria dell'Europa settentrionale non fu mai pienamente colmato dalla Serenissima, che fu in grado di armare il primo vascello interamente allestito nell'arsenale cittadino solo nel settembre del 1667: il *Giove Fulminante*, immediatamente inviato nell'Egeo con il resto dell'*Armata*. Non sarebbe però corretto sostenere che il divario tecnologico sia stato subito passivamente dai veneziani, i quali - pur acquistando grandi vascelli e arruolando equipaggi all'estero – iniziarono nel 1660 a progettare i primi vascelli suddivisi in tre classi. Una nave pubblica di prima classe, secondo quanto stabilito dai regolamenti arsenalizi, doveva imbarcare 506 soldati fra ufficiali, truppa e *musica* con 13 fra tamburi e

The fortification remains on the island of Saint Theodore of Crete (Agyos Theodoros) a few miles from Chania, on which now stands a small church with a few houses. In that place in June 1645 was consummated the first act of the war of Candia with the Ottoman assault against the Venetian garrison under Captain Biagio Zulian. Unable to receive relief, the Venetian commander would have set fire to the ammunition depot, causing the explosion of the fort. The little island was then reconquest by the Venetians who demolished the enemy fortifications and was later recaptured by the Turks, who kept it until 1668.

pifferi, oltre a 165 uomini di equipaggio. Durante la guerra i veneziani non smisero mai di sperimentare nuove soluzioni di armamento per le galee e le galeazze e nonostante il ritardo nella messa a punto delle *navi grosse*, la marina da guerra veneta poteva considerarsi come una delle maggiori flotte del mondo e probabilmente la prima del Mediterraneo.

La guerra di Candia fu l'ultimo conflitto nel quale le galee assieme alle galeazze/maone mantennero la supremazia numerica rispetto alle navi a vela. Questo dato ha contribuito a formare l'opinione che la guerra di Creta sia stata condizionata dal grave ritardo tecnologico delle marinerie turca e veneziana. Se invece guardiamo i numeri con più attenzione si scopre al contrario che fra il 1645 e il 1669 si verificarono innovazioni di grande rilevanza. Come ha sottolineato Guido Candiani, le battaglie combattute esclusivamente da navi a vela si svolsero tutte a partire dal 1646; se poi si considerano i maggiori scontri combattuti fino al termine della guerra, nessuno di questi avvenne senza la presenza di vascelli e tre grandi battaglie su quattordici videro i vascelli quali protagonisti esclusivi. Con ciò appare evidente che l'apogeo della collaborazione fra remo e vela sia stato raggiunto proprio durante la guerra di Candia. Prima di allora nel Mediterraneo i vascelli erano stati spesso un freno all'azione congiunta con le galee, per via della loro lentezza nella manovra e le necessità di essere costantemente rimorchiate per affrontare un combattimento in un mare con venti così capricciosi. Non si deve poi sottostimare un decisivo fattore culturale e cioè che le navi a remi veneziane si erano sempre dimostrate degli eccellenti strumenti navali adatti alla navigazione nel Mediterraneo; il remo offriva qualità agilità e maneggevolezza indispensabili per la guerra lungo le coste e pertanto per gli uomini di mare della Repubblica era difficile abbandonare un'arma da sempre considerata fondamentale per quel tipo di guerra. In passato la capacità dei veneziani e dei turchi di disporre di naviglio e marinai in abbondanza aveva loro permesso di costruire un impero punteggiato di basi e porti di importanza strategica. Ciò permetteva infatti alle galee – l'arma tradizionale di entrambe le flotte – di rifornirsi di acqua e viveri facilmente, in quanto disponevano di un'autonomia di quattro o cinque giorni al massimo. Una linea pressoché ininterrotta di approdi dall'Adriatico settentrionale, o dall'Anatolia all'Egeo, permetteva un rapido rifornimento e con esso l'azione di scorta al naviglio mercantile e al controllo dei mari. Per quanto le condizioni a bordo fossero dure e si cercasse di economizzare il più possibile, in estate a ogni rematore spettavano almeno sette litri d'acqua al giorno, senza i quali difficilmente poteva resistere alle fatiche dei banchi. Finché gli equipaggi furono disponibili in abbondanza, la galea costituì il punto di equilibrio fra necessità militari e calcolo economico, almeno nella proporzione ritenuta conveniente dal governo. Anche se per imporre il blocco navale era necessaria la potenza di fuoco che solo i vascelli potevano garantire, senza il sostegno delle unità a remi il successo non era scontato. Inoltre, per quanto il loro armamento fosse considerevole, i cannoni delle navi a vela olandesi o inglesi sparavano a una distanza utile inferiore a quella che i grossi calibri delle galee - e soprattutto delle galeazze - potevano raggiungere. Il vantaggio più importante della galea rispetto al vascello risiedeva ovviamente nella mobilità, che era permessa dal remo, ovvero dal 'motore umano'.

I rematori rappresentavano oltre il 70% degli effettivi imbarcati su una galea o su una galeazza. Si trattava di uomini sottoposti a un trattamento durissimo, benché meno brutale di quanto certa letteratura ci ha tramandato. Diversamente da altre marine del Mediterraneo, Venezia fece un uso molto limitato dei forzati e degli schiavi per riempire i banchi delle sue galee; al contrario la flotta turca ricorse in ogni momento ai prigionieri e agli schiavi, arrivando ad acquistarli in gran numero dai tatari e dalle altre popolazioni asiatiche. Fin dalla metà del Cinquecento il governo della Serenissima aveva stabilito una vera e propria leva di rematori, che comprendeva sia la città di Venezia che i contadini del *Dogado*, ovvero delle comunità dell'entroterra. *L'Ordinanza da Mar* prevedeva che in caso di guerra le comunità fornissero 10.000 rematori in età compresa fra i 18 e i 45 anni. Sembra però che i *sopracomiti* veneziani nutrissero scarsa considerazione verso i rematori arruolati fra i contadini della Terraferma, peraltro particolarmente riottosi a servire sulle galee. In genere i rematori venivano sorteggiati fra gli scapoli o i fratelli di famiglie numerose, sempre che non si trovassero volontari, poiché i sorteggiati potevano rendersi esenti mediante il pagamento di una quota o procurando un sostituto. Sebbene gli studi sulla flotta veneziana siano numerosi, non si dispongono informazioni esaustive su questo fenomeno, soprattutto sull'incidenza delle sostituzioni e sui metodi usati dai sorteggiati per evitare il remo.

Malgrado nel corso della guerra di Candia il governo veneto fosse ricorso nuovamente all'arruolamento dei sudditi italiani, a partire dal 1647 si decise di abolire la leva in Terraferma e così il principale bacino di reclutamento di rematori divennero i territori del *Dominio da mar*, sia attraverso la coscrizione che il servizio volontario. I magistrati dell'Istria, della Dalmazia e delle isole greche erano tenuti a mantenere aggiornati gli elenchi di coloro che potevano essere imbarcati come galeotti e in tal modo la

▲ **Spinalonga era il maggiore dei presidi veneziani nelle isole intorno a Creta.** Oltre a facilitare la navigazione nell'Egeo, il possesso questi di scali permetteva di tenere i rifornimenti ottomani sotto costante minaccia. I tentativi turchi di impadronirsi di questa e delle altre isole cretesi furono frustati anche dall'eccellente qualità delle fortificazioni, nonostante i presidi fossero relativamente numerosi. La Serenissima disponeva nell'Egeo, Ionio e Adriatico di molti altri scali come quello di Spinalonga, difesi quasi sempre da piccole guarnigioni. Per esempio la rocca sull'isola di Pago, davanti alle coste della Dalmazia, ospitava nei primi mesi di guerra appena 24 soldati. (Foto Bruno Mugnai)

Spinalonga was the main Venetian garrison in the Cretean islands. Control on an harbour such as this enabled to keep Ottoman provisions under constant threat and permitted easy sailing in the Aegean see. Turkish attempts to seize this or other islands were thwarted thanks also to the excellent state of fortifications and in spite of the small amount of soldiers manning them. The Serenissima owned many more harbours such as Spinalonga on the Aegean, Ionian and Adriatic seas, an example of which was the Pago island, a little fortress on the Dalmatian coastline manned only by 24 soldiers.

▶ **Lo scoglio ai Moraiti sull'isolotto di Suda**, poco distante dalla Canea, fu spesso teatro di agguati da parte delle galee veneziane ai rifornimenti che attraccavano nel porto caduto in mano ottomana nell'agosto del 1645. Lo stato di conservazione delle mura e dei locali della fortezza può considerarsi soddisfacente, tenuto conto che, al pari delle altre testimonianze della *venetocrazia* e della dominazione turca in Grecia, ha corso il rischio di essere demolito durante il regime dei colonnelli. (Foto Bruno Mugnai)

The rock Moraiti on the islet of Suda, not far from Chania, was often the scene of the ambush by the Venetian galleys to the supplies directed in the harbor, conquered by Ottoman in August 1645. The conservation status of the walls and rooms of the fortress can be considered satisfactory, taking into account that, like the other examples of Venetian and Turkish rule in Greece, was in danger of being demolished during the colonels regime.

Serenissima fu sempre in grado di completare in breve tempo le ciurme delle galee. Fra schiavoni e greci furono questi ultimi a fornire il maggior numero di uomini per il servizio al remo, sia per le condizioni di maggiore povertà della popolazione delle isole, che accettava più facilmente la durezza e i rischi di una campagna sul mare, sia per la maggiore attitudine dei greci alla navigazione. Il ricorso agli schiavi fu praticato sporadicamente e quasi sempre per completare i banchi, ma in ogni caso era poco praticato a Venezia. Crebbe invece col tempo il ricorso ai condannati, ai quali si offriva una riduzione della pena in cambio di uno o più anni a bordo di una galea; ad esempio la pena capitale poteva essere commutata in 10 anni ai banchi. Altrettanto comune fu l'impiego di prigionieri di guerra, assegnati al remo specialmente alla fine delle campagne, quando cioè il numero di vogatori era diventato insufficiente. I veneziani ricorsero più volte nel corso della guerra al reclutamento di rematori nelle isole dell'Egeo sotto il dominio turco; campagne eseguite allo scopo di recuperare anche i disertori che avevano trovato rifugio: per quanto grande fosse il mare, sfuggire al destino dei banchi doveva evidentemente essere tutt'altro che facile e infatti i capitani veneti promettevano di risparmiare le comunità da eventuali saccheggi se gli si riconsegnavano i galeotti. Nell'aprile del 1656 l'*Armata sottile* fece scalo ad Andros e dopo un'intimazione del capitano generale agli anziani della comunità gli furono riconsegnati 64 *falliti*, cioè disertori; prima della fine del mese la flotta recuperò a questo modo 240 rematori, *i quali riuscirono di molto servigio, essendo tutta gente disciplinata e avvezza alle fatiche del remo.*
Per quanto si cercassero di usare tutte le cautele possibili, la vita dei galeotti rimaneva al limite della sopportazione. Oltre i rischi insiti del combattimento, i rematori vivevano in uno spazio ridotto e costantemente esposti all'inclemenza degli elementi e ai tormenti dei parassiti, secondo numerose

testimonianze, ospiti pressoché immancabili su ogni galea. Ciascun banco ospitava tre galeotti che dividevano un materasso foderato di pelle sul quale sedevano, e dormivano, e due barilotti d'acqua. Un metodo semplice per imporre la disciplina e scongiurare le diserzioni, consisteva nel punire i rematori dello stesso banco da cui era fuggito un galeotto. Una fonte d'archivio toscana del 1679 mostra con buon dettaglio il tasso di mortalità fra le ciurme dei rematori. Su un totale di 920 uomini assegnati al remo sulle galee dell'ordine di Santo Stefano, in dieci anni di crociere persero la vita 508 galeotti. Le cause dei decessi erano molteplici e la grande maggioranza, ovvero 419, morirono nell'ospedale di Livorno e solo 78 furono quelli deceduti in navigazione.

Il tasso di morte annuo fu pari al 6% della forza completa, registrato fra l'altro in un periodo nel quale i corsari di casa Medici sostennero poche battaglie. Indirettamente si può anche osservare che in Toscana la percentuale di galeotti volontari era molto bassa, probabilmente analoga a quella veneta, che prescriveva un minimo di 6 *buonevoglie* per ogni galea, infatti i morti fra quest'ultimi furono solo 33, a fronte di 248 decessi fra gli schiavi e 225 fra i forzati. Non è tuttavia da escludere che le diverse condizioni di trattamento fossero determinanti nella spettanza di sopravvivenza.

La durezza della vita sui banchi non impedì di usare i galeotti anche in altre mansioni, magari con la promessa di una riduzione della pena, se si trattava di condannati, oppure di un premio. Durante l'assedio di Risano di Cattaro nel 1649 i rematori parteciparono ai lavori ossidionali scavando mine, sbarcando materiali dalle galee e trasportando l'artiglieria di corsia fin sulla spiaggia. Questo tipo di aiuto era senz'altro più facile da ottenere da parte dei comandanti veneti, viceversa l'alto numero di schiavi e prigionieri delle galee turche portò in diverse occasioni ad ammutinamenti, di cui alcuni andati a segno e conclusisi con la diserzione di tutta l'imbarcazione in un porto veneziano. La forte presenza di prigionieri di guerra fra i rematori delle galee ottomane deve essere rimasta costante per tutta la guerra; infatti nel marzo del 1668 Francesco Morosini liberò un migliaio di rematori che si trovavano sulle galee del corsaro Durac Bey, sconfitto dal capitano generale mentre si accingeva ad assalire Standia. Una volta tornati in porto a Candia, furono amalgamati con altri soldati per formare nuovi *battaglioni* a difesa delle galleria di mina: un destino poco migliore di quello da cui provenivano.

Quarta battaglia dei Dardanelli, 17-19 luglio 1657:

Veneziani e alleati (Lazzaro Mocenigo):

- 20 vascelli
Aquila Coronata
San Zorzi grande
Paramore
Profeta Elia
Rosa Moceniga
Zardin d'Olanda
Tamburlano
Principessa Reale
Principe di Venezia
Piccola Fortuna
Principessa Grande
Principessa Piccola
Gallo d'Oro
(altri 7 vascelli sconosciuti)
- 7 galeazze
- 32 galee

Perdite: 1 galea affondata; 190 morti, feriti e dispersi

Ottomani (Topal Mehmed):

- 28 vascelli
- 10 galeazze
- 61 galee

Perdite: 4 vascelli affondati e 1 catturato; 1 galeazza affondata; 1 galea catturata.

LE CAMPAGNE NAVALI

Dei venticinque anni di guerra almeno sedici furono contraddistinti da campagne navali particolarmente impegnative, condotte seguendo lo stesso schema: gli ottomani cercavano di rifornire il loro esercito a Creta; mentre i veneziani provavano in tutti i modi a interrompere il flusso e a isolare gli assedianti dalle loro basi. Nei primi anni del conflitto vi fu un numero limitato di scontri fra le due flotte e gli esordi da parte veneziana furono tutt'altro che soddisfacenti A parte l'impresa del capitano della *guardia di Candia* Giorgio Morosini - che con tre galee riuscì a far giungere qualche soccorso alla Canea assediata - nel primo anno di guerra gli ottomani riuscirono a trasportare indisturbati i rifornimenti necessari a proseguire la conquista dell'isola. Il tentativo effettuato nel settembre di assalire la flotta turca alla

Capitani Generali da Mar dal 1645 al 1669:

1645: Francesco Erizzo (deceduto prima di assumere il comando)
1646: Giovanni Cappello
1648: Giovanni Battista Grimani (muore annegato il 7 marzo nella tempesta al largo di Psara)
1648: Alvise Mocenigo
1652: Lunardo Foscolo (sostituito per malattia da Alvise Mocenigo)
1654: Alvise Mocenigo (muore per malattia a Candia, il 27 dicembre)
1655: Girolamo Foscarini (muore per malattia il 31 maggio, sostituito da Lorenzo Marcello)
1656: Lorenzo Marcello (caduto in battaglia ai Dardanelli il 26 giugno)
1657: Lazzaro Mocenigo (caduto in battaglia ai Dardanelli il 19 luglio)
1658: Francesco Morosini
1661: Giorgio Morosini
1664: Andrea Cornaro (dopo la rinuncia di Battista Nani)
1667: Francesco Morosini

Provveditori d'Armata dal 1645 al 1669:

1645: Francesco Molin
1646: Lorenzo Marcello
1647: Lunardo Mocenigo
1648: Antonio Bernardo
1649: Luigi Mocenigo
1652: Bernardo Morosini
1654: Francesco Morosini
1656: Barbaro Badoer (muore per malattia il 16 agosto 1657)
1658: Antonio Barbaro
1659: Lorenzo Cornaro
1660: Antonio Barbaro (sospeso nell'ottobre 1660)
1661: Francesco Mocenigo
1662: Andrea Cornaro
1664: Pietro Diedo
1666: Girolamo Pesaro
1668: Caterino Cornaro (muore nella difesa di Candia il 31 maggio 1669)
1669: Andrea Cornaro

Capitani delle Navi dal 1645 al 1669:

1645: Antonio Cappello
1646: Tommaso Morosini (muore in battaglia il 27 gennaio 1647 al largo di Negroponte)
1647: Bernardo Morosini
1648: Jacopo Riva
1651: Luca Francesco Barbaro
1653-54: Giuseppe Dolfin
1655: Lazzaro Mocenigo
1656: Marco Bembo
1658: Girolamo Contarini
1662: Pietro Diedo
1664: Girolamo Grimani
1667: Alessandro Molin
1669: Iseppo Morosini

GIRON FRANCESCO VILLA MARCHESE, CAVALIER DELL' ORDINE DELLA ANNVNCIATA GENERALE DELL' ARMI DI SAVOIA. ANNO 1658.

▲ **Il marchese Francesco Villa** fu il comandante dello sbarco alla Canea della primavera del 1666. Il marchese aveva militato nell'esercito del duca di Savoia, combattendo contro gli spagnoli in Lombardia ed era considerato un eccellente soldato. Malgrado fosse stata progettata nei minimi dettagli, anche questa azione si concluse però con un nulla di fatto a causa della scarsa collaborazione fra i comandanti alleati. (Archivio degli autori)

The marquise Francesco Villa, commander of the landing on La Canea in spring 1666. The marquise took duty in the Duke of Savoy's army, fighting against the Spaniards in Lombardy and he was considered an excellent officer. The campaign was accurately planned but failed, due to lack of collaboration in the command staff.

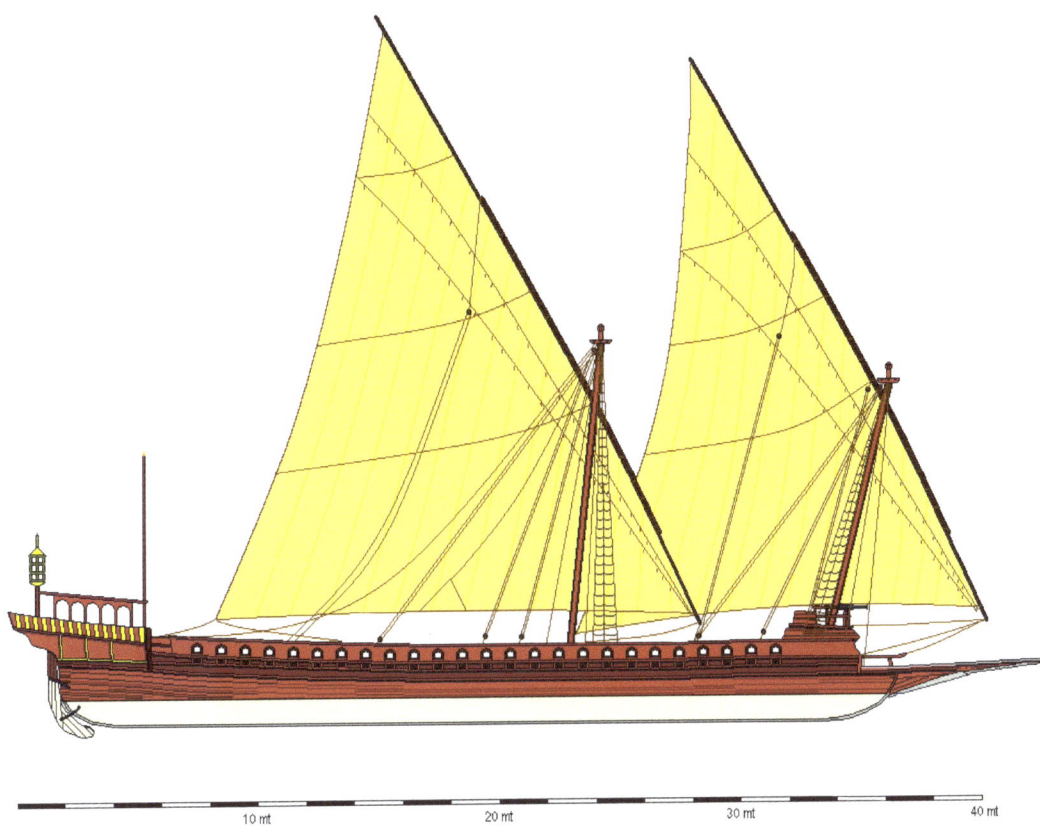

▲ **La regina del mar Mediterraneo, la galea**, continuò a rappresentare l'ossatura principale delle flotte veneziana e ottomana per tutta la durata della guerra. La galea era un'imbarcazione a due alberi con vele latina, dotata da 24 a 27 banchi di voga, oltre i quali si parlava di *galea bastarda*, riservata solitamente ai capi della flotta. All'inizio della guerra una galea veneziana necessitava di almeno 180/200 rematori, 50/60 uomini fra marinai e altro personale compresi gli ufficiali, 10 *bombardieri* e 48 'scapoli' ovvero il picchetto di fanteria per il servizio di guardia e di sentinella. Nelle galee ottomane gli equipaggi erano di proporzioni simili, fatta eccezione per un numero a volte più elevato di soldati. L'armamento di una galea era concentrato a prua, dove al termine della *corsia* si trovava una colubrina di grande calibro. In genere le galee montavano un pezzo da 50 o da 30 libbre (a Venezia si indicava il peso della palla piena in *libbre sottili*, per cui 50 libbre corrisponderebbero a circa 32 *libbre* ordinarie). Sul castello di prua, assieme al pezzo principale, trovavano posto due o quattro cannoni di calibro variabile, più altri pezzi minori, in genere dei falconetti a retrocarica impiegati come armi antiuomo. Rispetto ai legni ottomani, quelli veneti erano più efficienti sotto diversi punti di vista: proprio verso la metà del XVII secolo erano state introdotte innovazioni nei metodi di costruzione, la principale delle quali fu l'introduzione dell'asta di poppa 'alla ponentina'. I tecnici dell'arsenale erano perfettamente consci che lo studio delle tecniche costruttive e la stessa architettura navale si risolvevano sul terreno delle informazioni dimensionali, sulle proporzioni e nell'approccio scientifico alle questioni progettuali. I turchi non usavano particolari pitturazioni per le loro gelee, mentre le fonti veneziane mostrano chiaramente che i legni dell'*Armata* avevano il fasciame dipinto di rosso, mentre in alcune occasioni la galea dei capitani generali erano di colore nero.

The queen of the Mediterranean sea, the galley, continued to represent the main framework of the Venetian and Ottoman fleets for the duration of the war. The galley had two masts with latin sails, with 24 to 27 thwarts, less than the galley bastard, usually reserved to the fleet commanders. At the beginning of the war a Venetian galley needed at least 180/200 rowers, 50/60 men among sailors and other personnel including officers, 10 artillerymen and 48 'bachelors' or infantry picket for the service of guard and sentry. In the Ottoman galleys crews were of similar proportions, except for a higher number of soldiers. The armament of a galley was concentrated in the bow, where at the end of the lane there was a large caliber cannon. In general, the galleys were fitted with a 50 or 30 pounds piece (in Venice the full weight of the ball was in pounds thinner, then 50 pounds it would correspond to the common 32 pounds). On the forecastle, with the main piece, were placed two or four guns of different caliber, plus other minor pieces, usually falconets used as anti-personnel weapons. Compared to Ottoman galley, the Venetian one was more efficient: right in the second half of 17th century had been introduced innovations in construction methods, the principal of which was the introduction of the auction aft. The arsenal technicians were perfectly informed that the study of the construction techniques and naval architecture were resolved in the field of dimensional information on the proportions and in the scientific approach to the project issues. The Turks did not use special paint for their galleys, while the Venetian sources clearly show ships painted in red, while in some occasions the general captain's galley were in black.

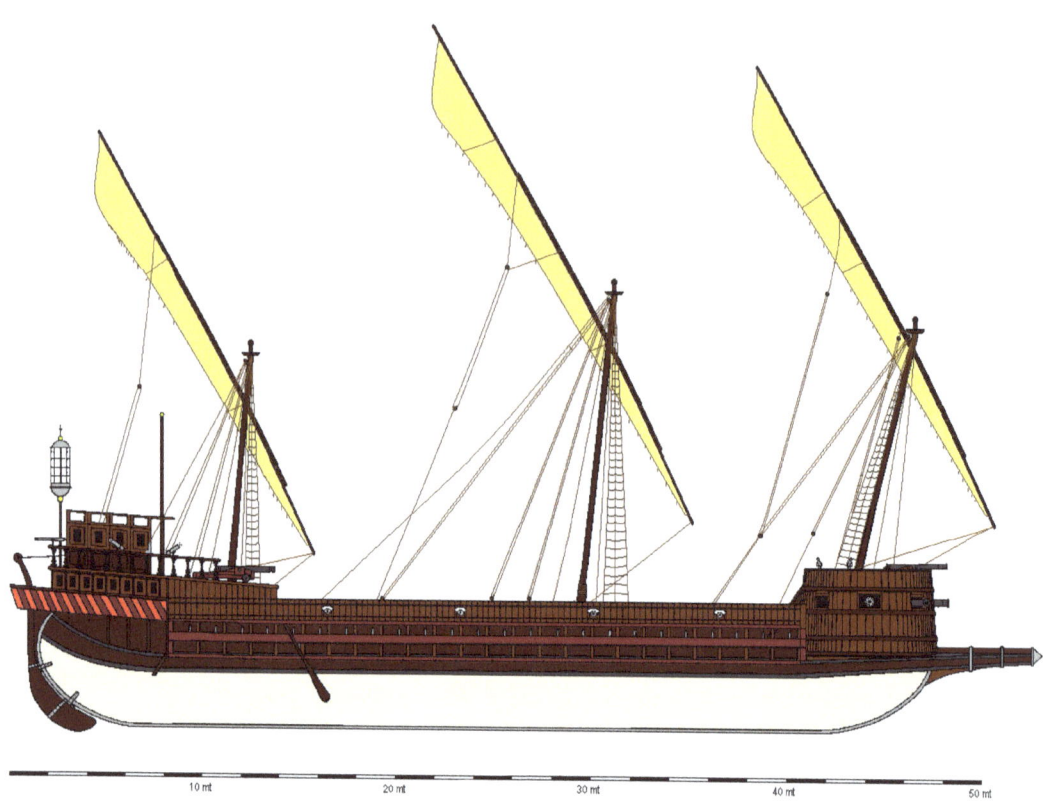

▲ **La galeazza** era un'invenzione dei veneziani, che la introdussero nella battaglia di Lepanto e successivamente fu imitata da altre marine, compresa quella ottomana, dove era denominata *mavuna*. Nel corso della guerra entrambe le parti impiegarono costantemente questo tipo di imbarcazione, particolarmente efficace nelle azioni offensive, grazie alla concentrazione di un arsenale particolarmente temibile. Le galeazze/maone erano contraddistinte dalla presenza di due castelli - uno a prua e l'altro a poppa - da 32 fino a 46 banchi di voga e potevano imbarcare fino a 900 uomini di equipaggio, di cui tre quinti erano rematori. All'inizio della guerra le galeazze veneziane erano armate con 22 pezzi d'artiglieria, di cui due da 50 e quattro da 30 libbre. Quattro di questi grandi pezzi erano colubrine, più lunghe e più potenti dei cannoni ordinari. Complessivamente su una galeazza si trovavano otto colubrine di calibri compresi fra 50 e 14 libbre, più altri quattordici cannoni da 30, 20 e 6 libbre. Le galeazze avevano inoltre dodici petriere da 6, 3 e 2 libbre più altri cannoni di piccolo calibro. In altri documenti, probabilmente successivi, risultano disposti a prua sei pezzi, ovvero: due colubrine da 50; due colubrine da 14 e due cannoni da 6 libbre, oltre a sei petriere di vario calibro: a mezza nave c'erano otto cannoni - due da 30 e sei da 20 libbre – con otto petriere; infine a poppa trovano posto altri 8 pezzi e cioè due colubrine da 30 e due da 14 con quattro cannoni da 6 libbre. L'armamento delle maone ottomane seguiva criteri simili, ma mentre da parte veneta si utilizzavano in numero crescente i moderni cannoni in ferro, nella flotta del sultano erano ancora impiegati in gran quantità armi in bronzo, comprese quelle risalenti al secolo precedente. Le galeazze venete, al pari delle galee, erano dipinte di rosso; ai primi del XVIII secolo quella del capitano straordinario delle galeazze era completamente nera, ma in altre occasioni quel colore sembrerebbe associato alle unità gregarie.

The galeazza was invented by the Venetians, who introduced it in the battle of Lepanto, and was later imitated by other navies, included Ottoman, who called this ship mavuna. During the war both sides employed constantly this type of boat, particularly effective in offensive actions, thanks to the high concentration of guns. Galeazza and mavuna were characterized by the presence of two castles - one forward and one aft – from 32 to 46 thwarts and could carry up to 900 crew members, three fifths of which were rowers. At the beginning of the war the Venetian galeazzas were armed with 22 guns, of which two 50 and four 30 pounds. Four of these large pieces were colubrines, longer and more powerful than ordinary guns. Altogether there were eight culverins ranging from 50 to 14 pounds, plus another fourteen guns of 30, 20 and 6 pounds. The galleys also had twelve petriere (guns with stone ammunition) of 6, 3 and 2 pounds more than other small caliber weapons. In other documents, probably later, six pieces are arranged in the bow, namely: two 50 pounds colubrines, two 14 pounds and two 6 pounds guns, as well as six petriere of various caliber. In the mid ship there were eight guns - two 30 pounds and six 20 pounds colubrines - with other eight petriere, and finally find a place in the stern other eight guns – two 30 pounds and two 14 pounds colubrines alongside four 6 pounds guns. The armament of the Ottoman ship followed similar criteria, but while the Venetians used a growing number of modern iron cannon, in the sultan fleet were still used in large quantities bronze weapons, including some guns dating back to the previous century. The Venetian galleasses, like the galleys, were painted in red; in the early 18th century the extraordinary captain's galeazza was completely black, but on other occasions it would seem that colour associated to gregarious units.

L'Armata da Mar; **1649-60**
1: *Nobile di galea*
2: *Scapolo*, soldato oltramarino
3 – 5: marinai,

TAVOLA A

I Dardanelli; 1652-57
1: *Sopracomito*
2: *bombardiere*, sottufficiale d'artiglieria
3: marinaio veneziano
4. moschettiere

TAVOLA B

Fanteria da sbarco; 1655-57
1: *Generale dello Sbarco, Alessandro del Borro*
2: moschettiere
3: picchiere
4: tamburo
5: sottufficiale

TAVOLA C

Doppio sbarco alla Canea; 1660 e 1666
1: ufficiale di fanteria; 1660
2: picchiere di un reggimento di fanteria *oltramontano*; 1660
3: cavaliere di Santo Stefano; ca. 1660
4: moschettiere di un reggimento di fanteria del ducato di Savoia; 1666
5: moschettiere di un reggimento di fanteria pontificia; ca.1666

TAVOLA D

Canea, con l'armata sottile, guidata dal capitano generale Giovanni Cappello, fu respinto dai turchi che in quell'occasione avevano ostruito l'accesso alla rada legando degli alberi a dei barili galleggianti e a questo modo sventarono il tentativo avversario di far entrare in porto un brulotto incendiario. Prima della fine dell'anno il solo successo ottenuto dai veneziani fu la cattura di una nave oneraria al largo di Milo, da parte di Lorenzo Marcello e Alvise Mocenigo. Fu Girolamo Morosini a sostenere che per i veneziani il modo migliore per contrastare gli ottomani consisteva nell'impedire ai loro convogli di arrivare a Creta, per cui si doveva assolutamente inviare l'*Armata* nell'Egeo e bloccare l'uscita dai Dardanelli. Quel luogo rappresentava in effetti il tallone di Achille degli ottomani, e l'intuizione del procuratore veneziano anticipò di secoli la sua validità. Infatti sia i russi nel 1877-78, come gli italiani nel 1912 e infine gli Alleati nel 1915 attuarono una strategia simile per mettere fuori combattimento Istanbul. Nel maggio del 1646 una grande flotta ottomana composta da 76 galee e 5 maone fu respinta dentro i Dardanelli dai velieri di Valier e Contarini, mentre nell'estate del 1647 una squadra proveniente da Istanbul e dagli altri porti dell'Anatolia occidentale, formata da 23 galee, 2 fuste e 26 fra vascelli grandi e piccoli, venne intercettata il 25 agosto davanti all'isola di Chios da 16 vascelli della Repubblica. I turchi avevano requisito in quell'occasione una ventina di vascelli francesi, inglesi e olandesi che si trovavano a Smirne. In entrambi i casi la mancanza di vento e l'assenza delle galee per rimorchiare le navi a vela permise solo a una piccola frazione dei legni veneziani di entrare in azione. In entrambi i casi il cannoneggiamento durò molte ore ma senza arrecare danni di rilievo alle due flotte. Lo stesso problema si sarebbe riproposto negli anni successivi, dimostrando che i vascelli non erano in grado di agire con l'efficacia sperata nel Mediterraneo orientale. Prima della fine dell'estate i veneziani riuscirono a bloccare il kapudan pasha nel porto di Napoli di Romania (od. Nauplia in Grecia), ma ai primi di settembre le navi ottomane, eludendo nottetempo la sorveglianza avversaria, ripresero il mare e si unirono a Metelino con la flotta proveniente da Chios, raggiunsero La Canea e vi sbarcarono 9.000 uomini con molte provviste. Nell'autunno le galee inviate dal nuovo capitano generale Giovanni Battista Grimani, che incrociavano le acque fra Grabusa e Candia, arrecarono molti danni al traffico

▶ Il ritratto immaginario di questo corsaro ottomano, opera di Pier Francesco Mola (1612-66), mostra i caratteri tipici che nell'immaginario seicentesco venivano associati ai Barbareschi, tuttavia gli equipaggi delle *Reggenze* nordafricane erano formati da una grande varietà di marinai, compresa pure un'aliquota non trascurabile di rinnegati cristiani. A partire dai primi anni del Seicento, Tripoli, Tunisi e Algeri avevano introdotto proprio con l'aiuto di rinnegati olandesi e inglesi, un efficiente naviglio da guerra velico e durante la guerra di Candia la Porta si avvalse spesso dei loro vascelli, mentre Venezia fu più spesso aiutata dalle unità a remi, inviate dalle altre marine cattoliche, soprattutto quella maltese e pontificia.

The imaginary portrait of this Ottoman privateer, work of Pier Franceso Mola, shows the typical traits of Moors on which was based 17th century imagery, in spite of the fact that sailors of the northern African Regency were from a mix of origins, including a relevant amount of Christian renegades. Starting from the first decade of the 17th century, Tripoli, Tunis and Algiers had introduced an efficient sailing fleet, much with the help of Dutch and English renegades. With the Candian war the Porte took advantage of such vessels, where Venice was often helped by oaring ships sent by catholic navies, specially by Malta and the Pope.

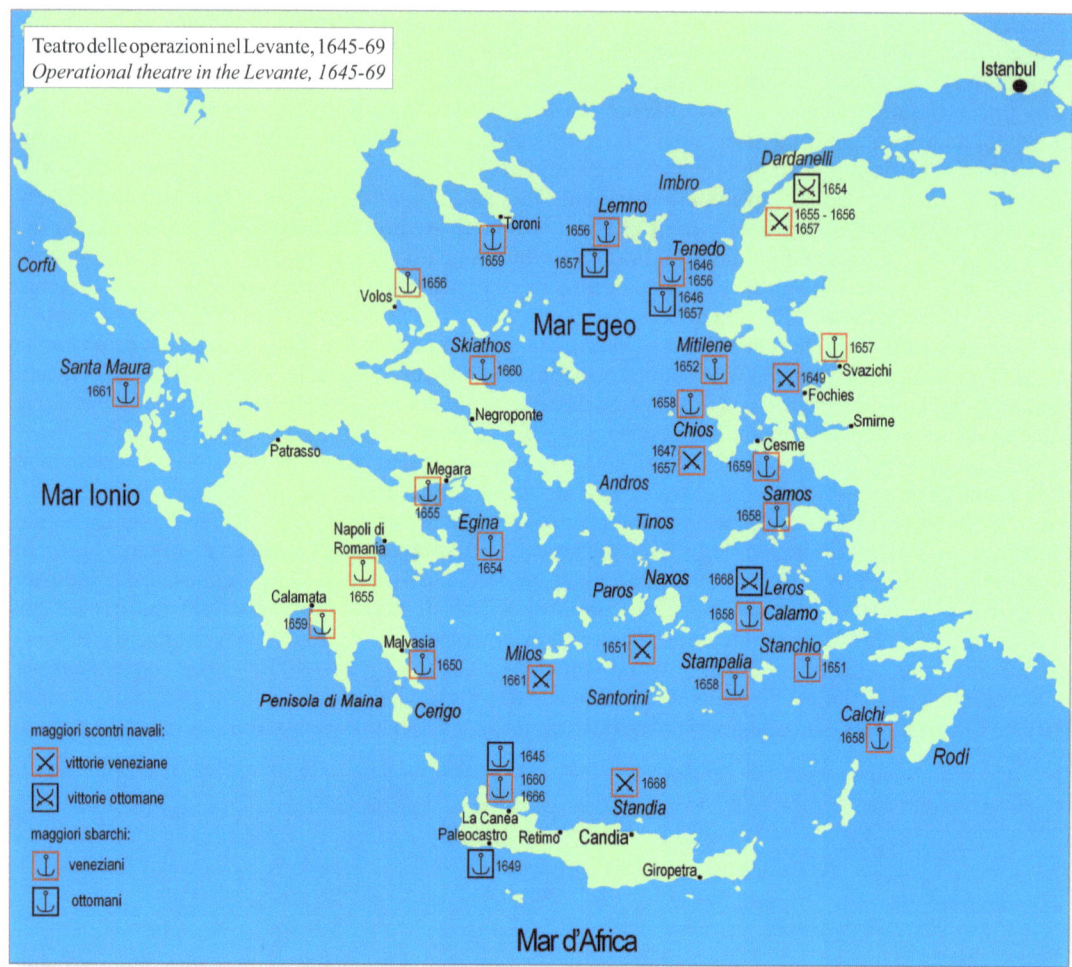

ottomano, mettendone in evidenza la vulnerabilità per l'assenza di scali alternativi a La Canea e Retimo. Nel 1648 la campagna fu funestata per i veneziani dalla scomparsa il 17 marzo del promettente capitano generale Grimani nella tempesta al largo di Psara, dove andarono distrutti 9 vascelli e 18 galee. Il capitano straordinario delle navi Jacopo Riva portò i vascelli agli Stretti, dove alla fine di aprile respinse il tentativo del kapudan pasha Ammaroglu Veli di superare lo sbarramento con 40 galee, 5 maone e un numero imprecisato di vascelli con 5.000 rinforzi destinati a Creta; il fallimento provocò la condanna a morte del comandante turco.

Il 12 maggio del 1649, nella grande battaglia di fronte al porto ottomano di Fochies (Foça), si registrò il primo importante successo veneziano, ma il comandante Jacopo Riva si lamentò che se avesse potuto disporre anche soltanto di una decina di galee, la vittoria sarebbe stata maggiore. La battaglia venne combattuta da 19 vascelli veneziani, di cui 2 relativamente armati, e 72 galee, 10 maone e 11 navi a vela sotto il kapudan pasha Haidar Oldì, rifugiatosi sotto i cannoni della fortezza eretta a difesa dell'insenatura. Smentendo i dubbi dei suoi capitani, che non volevano operare così vicino alla costa contro forze tanto superiori, il Riva ottenne una vittoria molto importante, affondando o catturando 10 vascelli e 4 maone, ma solo 2 galee. Se sul piano tattico le navi a vela non garantivano ancora gli stessi risultati di quelle a remi, sul piano strategico dimostravano però che la loro presenza diventava sempre più incisiva. Con i mercantili armati noleggiati e il supporto di piccole squadre di galee, nei mesi primaverili e in estate i veneziani riuscirono a bloccare quasi ininterrottamente il canale dei Dardanelli. Il blocco non aveva solo lo scopo di tagliare la principale linea di approvvigionamento dell'esercito ottomano che si trovava a Creta, ma anche di paralizzare il commercio di Istanbul con il resto dell'impero, in special modo con la Siria e l'Egitto. La strategia dei veneziani stava lentamente ottenendo qualche successo, tuttavia gli ottomani reagirono e trovarono altre soluzioni per aggirare il blocco. Il 5 maggio del 1650 il kapudan pasha Hosambegzade Alì dichiarò che nelle condizioni attuali la flotta non era in grado di uscire dagli Stretti; pertanto fece trasferire via terra i le munizioni e i 3.000 uomini destinati a Creta e li fece imbarcare a Cesme sui vascelli barbareschi che li attendevano fuori dai Dardanelli. A loro volta i veneziani intensificarono la perlustrazione nell'Egeo e fra la primavera e l'estate catturarono un buon numero di navi onerarie. L'anno seguente, a primavera, il kapudan pasha ritenne che fosse arrivato il momento per uscire dagli Stretti e alla metà di giugno si diresse all'imboccatura orientale del canale con 53 galee, 6 maone e 47 vascelli. Prima della fine del mese, con questa nuova squadra gli ottomani uscirono dai Dardanelli, lasciati incustoditi dai veneziani a causa di problemi sorti con i capitani e gli equipaggi dei vascelli olandesi noleggiati, i quali lamentavano il ritardo dei pagamenti e l'usura sofferta dalle loro navi nella brutta stagione.

Hosambegzade Alì riunì la sua flotta a Chios con quella dei bey e da lì ripartì facendo rotta su Creta, carico di rifornimenti e personale da sbarcare alla Canea, forte adesso di 55 vascelli, di cui almeno 37 armati, compresi gli 8 forniti dai Barbareschi. Risolti in parte i contrattempi con gli equipaggi stranieri, i veneziani si mossero per intercettare il convoglio avversario con 28 vascelli, 6 galeazze e 24 galee. Il 7 luglio 1651 le due flotte vennero a contatto poche miglia a nord di Santorini. Il capitano generale da mar Alvise Mocenigo aveva disposto la flotta con un'avanguardia di 17 vascelli sotto Luca Francesco Barbaro e altri 8, assieme alle galeazze in riserva, in seconda linea con le galee. Se anche in passato le grandi navi a vela erano state posizionate in prima fila, ciò era avvenuto nell'imminenza di uno scontro e per facilitare la complessa manovra erano state necessarie le galee per rimorchiare in vascelli nella posizione assegnata. In quella occasione le unità a vela procedettero autonomamente fin dall'inizio, applicando una tattica che nei mari del nord aveva dato buoni esiti con l'introduzione della 'fregata'. Questo tipo di nave a vela, più piccola ma bene armata e comunque in grado di manovrare con maggiore agilità rispetto ai più grandi vascelli, era stata messa a punto agli inizi del secolo dai corsari francesi basati a Dunkerque e fu presto imitata da olandesi e inglesi. In quell'occasione, però, i veneziani pretesero troppo delle loro navi, perché soltanto cinque vascelli riuscirono a mantenere la rotta come previsto, mentre gli altri dodici scaddero verso il resto dell'armata e alcuni dovettero perfino essere presi a rimorchio. Quando i legni turchi, che manovrarono per navigare verso Creta, furono nuovamente avvistati la mattina dell'8 luglio, le cinque unità veneziane più avanzate si mossero temerariamente per

▶ **Lorenzo Marcello** divenne capitano generale a seguito della scomparsa di Girolamo Foscarini, dopo aver rivestito molteplici incarichi nella flotta, partecipando fin dal 1645 ai combattimenti contro gli ottomani. La sua prima e ultima campagna di guerra come comandante in capo si concluse il 26 giugno 1656 con la strepitosa vittoria nella terza battaglia dei Dardanelli, durante la quale Marcello perse però la vita. (Dipinto di Sebastiano Mombelli, salone degli avi di Ca' Marcello, Levada, Padova. Con la cortese autorizzazione del dottor Jacopo Marcello).

Lorenzo Marcello became captain general after the death of Girolamo Foscarini, after holding several assignments in the fleet, taking part in the war since 1645. His first and last campaign as general commander ended June 26, 1656 with a resounding victory in the third battle of the Dardanelles, during which Marcello was killed in action.

La marina ottomana; 1645-69
1: bey, comandante di galea
2-4: levend topçu, artiglieri
5: azab in alta tenuta
6: azab in tenuta di combattimento

TAVOLA E

I *Castelli*; 1650-62
1: ufficiale dei sipahy ulufely
2: çavus
3: artigliere serhaddkulu
4: fanteria serhaddkulu

TAVOLA F

levend e mensugat; 1650-69
1: levend topçubasi
2: levend, fante di marina anatolico
3: mensugat, miliziano di marina
4: levendi-rumi, fante di marina europeo

TAVOLA H

attaccare l'intera flotta nemica, ma tre di esse si trovarono presto a mal partito, mentre il capitano generale cercava disperatamente di mandare altre navi in loro soccorso. Alla fine due delle navi più veloci giunsero a sostegno della piccola avanguardia, ma le altre, troppo pesanti e lente nella manovra, rimasero sottovento. Nel frattempo galee e galeazze studiavano l'avversario, finché Mocenigo, pur trovandosi sottovento, decise di prendere l'iniziativa e farsi sotto il nemico, spalleggiato da quattro delle otto navi a vela che erano rimaste di riserva. Le artiglierie veneziane aprirono il fuoco a distanza e per un po' i turchi risposero, ma poi si allontanarono approfittando di una forte diminuzione del vento e prendendo a rimorchio le proprie navi. La giornata del 9 luglio trascorse con i veneziani impegnati nelle riparazioni e a raggruppare la flotta; poi, all'alba del giorno seguente, avvistarono nuovamente le navi ottomane che stavano navigando verso nord nel canale tra Paros e Naxos. Questa volta lo scontro fra le due flotte al completo fu inevitabile e i comandanti schierarono le loro forze secondo il classico schema delle battaglie navali fra unità a remi, con un centro e due ali, intervallando alle galee le galeazze, o le maone

▲ **L'insegna di Capitano generale da Mar**, tratta da un'illustrazione di Grevenbroch della metà del XVIII secolo. Il capitano generale dirigeva la flotta a bordo di una galea bastarda, riconoscibile da tutte le altre dai tre fanali sulla poppa, dallo stendardo di San Marco 'alla banda' completo di *pomolo*, ovvero della sferetta dorata, e da due bandiere quadre in testa all'albero di maestra e di trinchetto.

The general captain's insignia, after an illustration of Grevenbroch, half 18th century. The captain directed the fleet on board of a 'bastard galley' recognizable by three lights on the stern, the great banner of St. Mark with the golden ball, and two square flags hoisted onto the mainmast and foremast.

▶ **Don Vincenzo Rospigliosi**, generalissimo della flotta alleata fra il 1668 e il 1669, era il nipote del pontefice Clemente IX, e proveniva da una famiglia che annoverava uomini di mare nell'ordine di Santo Stefano e in quello di Malta, come egli stesso prima di essere designato a quell'incarico. La sua esperienza nella guerra navale non fu però sufficiente a evitare la fallimentare conclusione delle ultime due campagne navali alleate.

Don Vincenzo Rospigliosi, the allied fleet generalissimo in 1668 and 1669, was the Pope Clement IX nephew. He belonged to a family which had numbered several knights in the St. Stephen and Malta order, as he himself before being appointed to that position. His experience in naval warfare, however, was not sufficient to avoid the unsatisfactory conclusion of the last allied naval campaigns.

e i vascelli. Mocenigo aveva ai suoi ordini un buon numero di abili capitani, compresi alcuni fra i migliori comandanti del secolo, come suo nipote Lazzaro, il promettente Lorenzo Marcello a capo di una squadra di galee e l'ancora sconosciuto Francesco Morosini quale capitano delle galeazze. Le fasi iniziali dello scontro dimostrarono tuttavia che certe scelte tattiche, rivelatesi poi decisive, avvennero quasi per caso. Una parte delle unità a vela veneziane palesarono nuovamente problemi di manovrabilità, confermando che in quegli anni l'omogeneità delle navi a vela rimaneva aleatoria, tanto che si dovettero rimorchiare al posto assegnato. Mentre il capitano generale era impegnato in queste operazioni, due delle tre galeazze dell'ala sinistra, delle quali una comandata dal irruento Lazzaro Mocenigo si spinsero avanti per attaccare le galee turche più isolate. Prima che il comandante veneziano potesse richiamare le due galeazze in formazione, il kapudan pasha inviò dal centro sei maone e una dozzina di galee, portandosi a voga arrancata a ridosso delle galeazze nemiche. Le due navi venete, subito appoggiate dalle galeazze, virarono per presentare l'artiglieria dei castelli di prua contro i legni turchi e, esplosa una prima salva si avvicinarono ulteriormente per scaricare la moschetteria e i pezzi più piccoli. Lo scontro infuriò violentissimo attorno alla nave di Lazzaro Mocenigo, bersagliata dalla galea del kapudan pasha assieme a due maone, alle quali si aggiunsero alcune galee che cercarono di abbordarla. I veneziani si difesero con accanimento e con la mitraglia e le granate a mano inflissero perdite tremende agli equipaggi avversari. L'arrivo di altre due galeazze indusse i turchi a ritirarsi, prendendo a rimorchio la galea ammiraglia che aveva quasi perduto la poppa. Assieme alle galeazze intervennero sul lato sinistro dello scontro anche una galea con due vascelli, le cui bordate a tiro rapido fecero strage dei malcapitati equipaggi ottomani. Nel frattempo l'ala opposta dello schieramento turco stava provando a isolare il fianco destro avversario. L'azione venne condotta da 15 delle navi a vela più potentemente armate assieme a una parte dei vascelli Barbareschi, rimorchiati dalla galee dei bey. A bordo della sua galea Alvise Mocenigo si accorse del tentativo avversario contro la sua ala destra e, visto ormai che il combattimento sull'altro lato volgeva a suo favore, inviò 7 galee sostenute da una galeazza con a rimorchio altrettanti vascelli.

Le condizioni del mare e il vento a sfavore resero durissimo il compito dei rematori, tanto che il capitano generale ordinò di mollare le cime dei rimorchi per proseguire l'azione con le sole galee. Solo una nave a vela, definita nelle fonti *fregata*, mantenne bene il vento e assieme alle galee investì le navi turche con il fuoco dei pezzi a lunga gittata. A questo modo Mocenigo riuscì a far desistere gli avversari dal loro piano e una ad una le galee tagliarono le cime per mettersi in salvo, abbandonando i vascelli al loro destino. Con la prua rivolta verso la squadra veneta, i vascelli ottomani subirono il cannoneggiamento d'infilata degli avversari. Le tre navi più vicine all'isola si gettarono sulla costa dove s'incagliarono fra gli scogli, mentre gli equipaggi di altre sette abbandonarono gli scafi e si gettarono in mare in preda al panico. Il capitano generale riuscì a tenere unita la squadra e proseguì

▲ **Lazzaro Mocenigo** fu uno dei più brillanti e temerari uomini di mare di tutta la guerra di Candia. Nel 1655, come capitano straordinario delle navi, aveva sconfitto i turchi nella seconda battaglia dei Dardanelli; quindi l'anno successivo, combattendo sotto Lorenzo Marcello come semplice *governatore* di nave, aveva contribuito al successo veneto guidando l'assalto ai vascelli avversari; in quello scontro aveva perso l'occhio destro. Il 15 maggio del 1657, con la sola squadra delle galee, aveva assalito e sconfitto al largo di Chios 14 vascelli barbareschi agli ordini del rinnegato olandese Mehmet Bey. Il ritratto, eseguito dopo la nomina a *capitano generale da mar*, mostra tutti gli attributi riservati alla massima carica militare della Repubblica.

Lazzaro Mocenigo was one of the most brilliant and daring Venetian naval officer of the war. In 1655, as captain of the seal ships, defeated the Turks in the second battle of the Dardanelles, the next year, fighting under Lorenzo Marcello as simply captain of vessel, contributed to the success of his side, leading the assault against the Turkish fleet; in that battle he lost his right eye. On may 15th, 1657, only with his galleys, he had attacked and defeated off Chios island 14 vessels under the Dutch renegade Mehmet Bey. The portrait, painted after the appointment at General Captain, shows all the attributes reserved for the highest military command office of the Republic.

OSMALCO GENERALE DELLO SBARCO
DISPONENDO CON MAESTRIA MILITARE DUE MILA SOLDATI
ALL'APPARENZA DI UN GRANDE ESERCITO, INVESTE, E PRENDE
LA FORTEZZA DI SVALICH
L'ANNO 1647.

◀ I galeotti erano i componenti della flotta che subivano il trattamento più duro, malgrado si trattasse del *motore umano* e perciò di capitale importanza per la conduzione delle campagne navali. Per completare i banchi Venezia ricorse soprattutto ai condannati e ai volontari e solo sporadicamente a schiavi e prigionieri di guerra. Nel corso della guerra gli ottomani riuscirono quasi sempre a ripianare le perdite subite, mentre i veneziani si trovarono spesso a corto di uomini. Il tragico naufragio di Psara, avvenuto nel marzo del 1648, causò la perdita di 18 galee e di tre quarti dei rematori, tanto che il reclutamento di galeotti non consentì all'*armata sottile* di riprendersi da quel disastro, condizionando il numero complessivo delle galee disponibili, mai superiore a 28 unità. (Disegno a matita di anonimo, inizio XVII secolo; Firenze, collezione privata)

The galley rowers suffered the harsher treatment, although they were the human engine, and therefore of capital importance for the conduct of naval campaigns. To complete the ranks Venice employed mostly convicts and volunteers, and only sporadically turned to slaves and war prisoners. During the war, the Ottomans easily managed to replace the losses, while the Venetians suffered shortage of men in several occasions. The tremendous sinking of Psara, in March of 1648, caused the loss of 18 galleys with three-quarters of the rowers and the rate of recruitment not allowed to recover the galley fleet from the disaster, affecting the overall number of galleys available, which never exceeded 28 units.

◄Una rara illustrazione di un reparto di fanteria veneziana risalente alla guerra di Candia, raffigurato senza la mediazione del manierismo in voga in quegli anni. L'episodio illustrato si riferisce allo sbarco di Svazichi, in Anatolia, nella primavera del 1657 e indica come la fanteria vestisse con un abbigliamento pressoché uniforme, fatta eccezione per sottufficiali, ufficiali e musicanti, questi ultimi con abiti di panno azzurro, giallo e rosso. Notare l'ufficiale a cavallo, contraddistinto da una sciarpa a tracolla azzurra e una giacca con maniche del tipo detto 'alla lombarda'. (dipinto su tavola lignea di anonimo, Castello di Polcenigo, Pordenone)

A rare image of Venetian infantry dating the war of Candia, shown without the mediation of Mannerist painting style in vogue in those years. The illustration, representing the amphibious assault of Svazichi, Anatolia, in spring 1657, shows the infantry dressed in complete red uniform, except NCO, officers and musicians wearing azure blue, yellow or red jackets and breeches. Note the mounted officer distinguished by a azure sash and a coat with 'Lombard style' sleeves.

Successione dei Kapudan Pasha dal 1645 al 1669

1645: Mascovich Youssuf (giustiziato il 21 gennaio 1646)
1646: Oglu Ammar
1647: Kara Musa Pasha (morto in combattimento il 27 gennaio 1647 al largo di Negroponte nell'Eubea)
1647: Kilavuz Fasli Pasha
1648: Ammaroglu Veli (giustiziato)
1648: Voìnok Ahmed Pasha (morto in combattimento il 29 giugno 1649 davanti alla Suda)
1649: Haidar Oldì
1650-51: Hosambegzade Alì detto 'Mazzamamma'
1652: Koca Dervis Mehmet
1654-55: Kara Murad Pasha
1655: Zurnassan Pasha
1655-56: Kenan Sinau Pasha (giustiziato)
1656: Sidi Ahmed
1657: Topal Mehmet (giustiziato)
1658: Deli Hussein Pasha (giustiziato)
1659-60: Ali Pasha
1661: Hosambegzade Alì (morto per malattia a Chios il 15 maggio 1661)
1661: Hosambegzade Abdulkadir (figlio del precedente)
1662: Merzifonlu Kara Mustafa
1664: Ibrahim Pasha
1666: Mustafa Pasha
1667: Kaplan Mustafa

l'azione contro i restanti vascelli che però si difesero con grande ostinazione. La grande galea generalizia impegnò in combattimento una nave tunisina che aveva a bordo una *orta* di giannizzeri e che rispose colpo su colpo al nutrito fuoco di moschetteria e artiglieria avversari. Non potendo competere con la maggiore manovrabilità della galea, che la colpiva evitando di cadere nel raggio delle sue fiancate, la nave barbaresca cedette e con lo scafo perforato in più punti sotto la linea di galleggiamento iniziò ad affondare. Quelli fra i turchi che erano in grado di nuotare si gettarono in mare, mentre i veneziani al grido di *San Marco! San Marco!* abbordarono il vascello e sospinti da una rabbia feroce trucidarono tutti i malcapitati rimasti a bordo. Su un'altra nave ottomana, assalita da una galeazza, iniziò a svilupparsi un incendio finché esplose danneggiando la prua dell'imbarcazione avversaria e uccidendo molti degli artiglieri e dei soldati concentrati sul castello di prua. A sera, alla fine del combattimento, 16 navi ottomane e una maona erano andate perdute, ma tutte le galee si erano salvate e una parte di esse era riuscita a rimorchiare lontano dalla battaglia 5 vascelli da trasporto. Il primo importante scontro navale della guerra di Candia si era risolto con una vittoria schiacciante per i veneziani, in grado di sfruttare con risultati ottimali la cooperazione fra navi a vela e a remi. La migliore qualità degli equipaggi e l'abilità dei comandanti della Repubblica, aumentarono il differenziale con i loro avversari e, una volta scongiurato il pericolo iniziale corso dalle galeazze, la disciplina e il valore degli equipaggi della Serenissima ebbero la meglio sulla superiorità numerica degli ottomani. L'abilità dei suoi artiglieri permise a Mocenigo di ottenere il vantaggio decisivo prima sull'ala sinistra e poi sulla destra, complice l'inerzia del centro ottomano, indebolito dallo spostamento sulla destra ordinato dal kapudan pasha. Va comunque sottolineato il fatto che gli ottomani avevano approntato, praticamente dal nulla, una flotta di vascelli da guerra e che si trattava della prima volta che si confrontavano con avversari così sperimentati. La scarsa coordinazione e cooperazione fra le galee e le navi a vela provocò la crisi dello schieramento turco sulla sinistra e alla fuga delle galee beylere; la presenza di legni bene armati e dei Barbareschi, con alcuni abili marinai rinnegati nei loro ranghi, non attutì l'impatto negativo della mancanza di esperienza della marina del sultano. La vittoria di Naxos confermò la supremazia navale della Serenissima, senza però incidere sulla permanenza dei turchi a Creta, i quali riuscirono a trasportare poco alla volta dai porti del Peloponneso rinforzi e risorse per consolidare l'occupazione dell'isola. Tra il 1652 e il 1657 la flotta ottomana tentò di ristabilire le comunicazioni con Creta, provando a superare in un modo o nell'altro il blocco instaurato, adesso solo da primavera ad autunno, dalle navi venete.
Nel 1652 il kapudan pasha Dervis Mehmet riuscì ad aggirare lo sbarramento negli stretti, impiegando le sole galee beylere egli altri legni che già si trovavano nell'Egeo, in maniera simile al suo predecessore due anni prima. Nel 1653, ancora Dervis Mehmet riuscì ad anticipare l'arrivo ai Dardanelli dei veneziani, poi nel 1654 l'uscita della flotta turca portò alla prima serie di battaglie combattute all'imboccatura occidentale degli Stretti. La disposizione delle flotte e l'andamento delle battaglie vennero condizionati

▲ I resoconti che arrivavano da Creta alimentavano nelle corti Europa l'ideale della crociata contro gli ottomani, provocando la mobilitazione di volontari e la raccolta di aiuti per sostenere la difesa di Candia. Naturalmente esisteva anche un aspetto pratico in tutto ciò, che si traduceva nella possibilità di acquisire esperienze importanti, inviando propri uomini a partecipare al conflitto. Esattamente quanto fu fatto dal re di Danimarca nel 1658, inviando tre vascelli e relativi equipaggi in Levante per unirsi alla flotta veneta. Il comando della squadra venne affidato all'ammiraglio Cort Adler che partecipò alle campagne navali fino al 1659, anno in cui la Danimarca ritirò le sue navi a causa della guerra in corso contro la Svezia

Reports from Crete nourished the ideal of crusade against the Ottomans, causing the mobilization of volunteers and collect funds to support the defense of Candia. Of course there was also a practical aspect in everything, which resulted in the opportunity to gain important experience, sending their officers to participate in the conflict. Exactly what was done by the King of Denmark in 1658, sending three ships and crews in the Levant to join the Venetian fleet. The command of the squadron was assigned to Admiral Cort Adler, who participated in the naval campaigns until 1659, when Denmark withdrew its ships because of the ongoing war against Sweden.

▶ A bordo delle navi ottomane si impiegava una grande varietà di armi da fuoco, compresi *smerigli*, spingarde e *trombe* come quelli raffigurati nell'illustrazione. Per quanto si trattasse di armi dotate di una certa efficacia, l'assenza di uno standard di equipaggiamento è sintomatico del gap tecnologico della flotta ottomana. (Ill. da Cevad Ahmed Beg; Etat Militaire Ottoman depuis la Fondation de l'Empire jusqu'à nos jpurs, 1892)

On board of their ship the Ottomans employed a variety of firearms, including portable guns like those depicted in the illustration. Although this weapons were of a certain effect, the absence of a standard equipment was the symptomatic technological gap of the Ottoman fleet.

dalla particolare natura del canale, che limitava i movimenti delle unità navali e caratterizzato da una forte corrente, la quale in alcuni punti poteva superare i cinque nodi, scorrendo dal Mar di Marmara verso il Mediterraneo. Tutto ciò favoriva la navigazione per chi proveniva da est costringeva invece le navi veneziane a difficoltosi ancoraggi per non farsi trascinare verso ovest. I turchi potevano inoltre beneficiare della presenza delle batterie che in numero crescente erano state allestite sulle due sponde del canale, con le quali davano copertura alle loro navi e ostacolavano l'azione sotto costa agli avversari. Per non essere preceduta una seconda volta, la flotta veneziana giunse ai Dardanelli alla terza decade di aprile del 1654 con 16 vascelli appoggiati da 2 galeazze e 8 galee. All'alba del 16 maggio il kapudan pasha Murad uscì da Istanbul con 40 galee, 5 maone e 30 fra vascelli armati e navi onerarie, mentre 22 galee beylere con 14 navi a vela dei corsari barbareschi lo attendevano dall'altra parte degli Stretti, alle spalle dei veneziani. Alcune unità dei Barbareschi erano riuscite a risalire nottetempo il canale e si erano già congiunte con la flotta principale; il gran numero di vascelli era stato ottenuto obbligando alcuni mercantili olandesi e inglesi a unirsi al convoglio. La superiorità numerica dei turchi era maggiore anche in rapporto all'armamento imbarcato poiché, secondo il capitano delle navi Giuseppe Dolfin, solo sei dei suoi vascelli erano effettivamente in grado si opporsi alle unità ottomane della stessa classe. Perplesso sull'effettiva forza della propria flotta e timoroso circa l'impiego delle unità a remi in uno spazio così ristretto - dove la potenza di fuoco sovrastava la manovrabilità e la velocità - Dolfin raccomandò ai suoi capitani di agire con prudenza, badando di contrastare la corrente e soprattutto di evitare l'isolamento e rimanere senza il sostegno delle altre unità della flotta.

Il comandante veneto fece disporre le navi su tre colonne: a destra, verso la sponda asiatica, sette vascelli e altrettanti a sinistra, verso la costa europea, mentre al centro rimasero due vascelli e le due galeazze; ognuna delle galee fu assegnata a uno specifico vascello, con il compito di darsi mutuo sostegno e protezione. Dolfin concordò col capitano del golfo Francesco Morosini (omonimo del più celebre futuro *Peloponnesiaco*), di levare le ancore non prima che fosse transitata almeno metà della flotta nemica, in modo da ritrovarsi sopravvento e col vantaggio della corrente. La prima nave di ciascuna colonna doveva mantenere il più possibile la posizione assegnata, restringendo il mare all'avversario; ogni equipaggio ricevette dai propri comandanti ordini dettagliati, ma l'andamento

della battaglia mostrò che era difficile far rispettare le consegne. I turchi avanzarono nel canale con i vascelli in linea di fronte, spinti da una leggera tramontana, seguiti a breve distanza dalle unità a remi, guidate dal kapudan pasha. La battaglia si accese improvvisamente al centro, con l'abbordaggio del vascello olandese *Aquila d'Oro* (*Gouden Adelaar*), comandato dal vice capitano delle navi a vela Daniele Morosini, da parte di una *sultana*. Le velature delle due navi si impigliarono, mentre gli equipaggi ingaggiarono un furioso combattimento nel quale ebbero la meglio i veneziani. Il successo fu di breve durata, perché altri quattro vascelli turchi assalirono l'*Aquila*, costringendo l'equipaggio a abbandonarla dopo averla incendiata insieme alla *sultana*. Pochi minuti dopo finì in fiamme anche l'*Orsola Bonaventure*, un mercantile armato noleggiato in Inghilterra. La scelta operata da Dolfin di disporre le navi lungo l'estensione del canale, per coprire tutto il mare navigabile, finì per provocare una pericolosa frammentazione dello scontro in una serie di duelli isolati, che favoriva la superiorità numerica degli ottomani. A peggiorare la situazione contribuì la corrente insidiosa del canale che faceva scadere i vascelli verso la sponda asiatica. Il vascello francese *Apollon* finì col trovarsi in una delicata situazione quando, dopo aver arato con l'ancora il fondo, rischiò di restare coinvolto nel rogo dell'*Aquila d'Oro* ormai fuori controllo. La tragica fine delle due navi a vela veneziane spinse le unità ancorate sul lato sinistro a tagliare precipitosamente gli ormeggi e a discendere il canale, trasformando la manovra in una fuga che trascinò anche i vascelli che si trovavano sulla sponda opposta. Invano Dolfin e Morosini cercarono di ristabilire l'ordine; al centro del canale rimasero le due galeazze e l'ammiraglia con a bordo il capitano delle navi. Dopo una coraggiosa resistenza, anche le galeazze issarono le ancore e continuando a battersi furono trascinate dalla corrente fuori dagli Stretti. Le otto galee che avevano preso posizione accanto ai vascelli provarono a loro volta a manovrare per ingaggiare i legni nemici.
La galea *Padovana* tagliò il rimorchio che l'assicurava al vascello assegnatole per mettersi poppa contro poppa, ma nel calore dello scontro la manovra fallì e l'unità finì sotto il fuoco di due vascelli nemici, quindi fu attaccata da cinque galee che ebbero la meglio e la catturarono.
Mentre assisteva impotente allo sfaldarsi del proprio dispositivo, Dolfin a bordo della nave a vela *San Zorzi Grande* (altrimenti detto *Sint Joris*, un vascello da 54 cannoni noleggiato nei Paesi Bassi), si trovava sotto attacco di quattro velieri ottomani che, due per lato, lo bersagliavano senza però avvicinarsi per un abbordaggio. Assieme al *San Zorzi*, la galea del capitano in golfo Morosini subì danni gravissimi, perse due terzi dell'equipaggio, compreso il comandante, e infine fu speronata da una sultana che la spezzò in due tronconi. Dopo due ore di cannoneggiamento e scambi di moschetteria, vedendo che la corrente lo stava trascinando verso la riva e con il rischio di trovarsi sotto la minaccia dell'artiglieria e fanteria avversarie appostate sulla riva, Dolfin si ancorò di poppa. Vedendo la prua della nave nemica ruotare nel mezzo del canale, Murad Pasha le inviò contro due maone e sei galee per investirla da dietro.

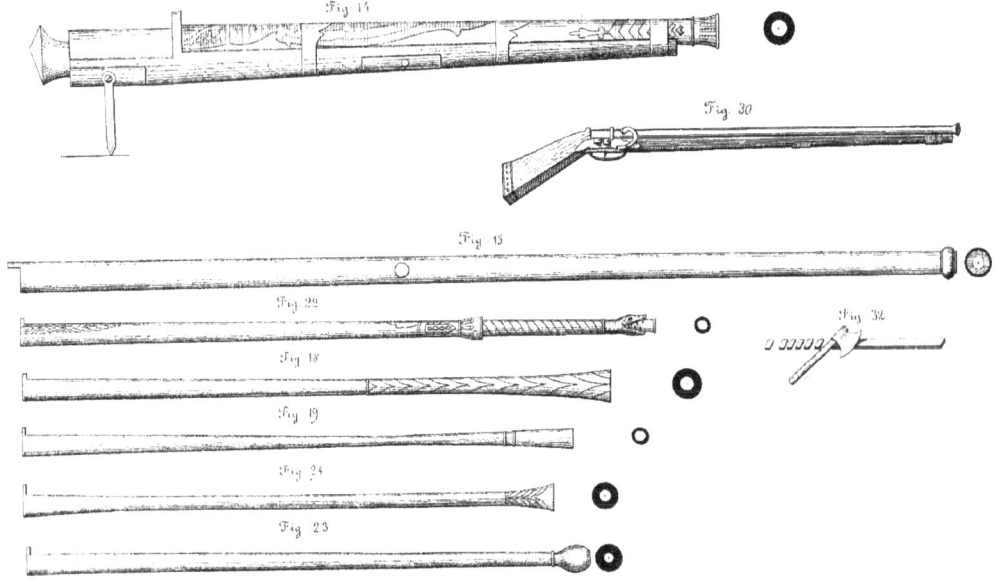

▲ **L'artiglieria ottomana** ebbe un ruolo rilevante durante la Guerra di Candia, non solo negli assedi a Creta o sulla flotta, ma anche nelle fortificazioni costiere allestite per contrastare l'accesso degli avversari nel canale dei Dardanelli. I serventi raffigurati nell'illustrazione risalgono agli anni della guerra di Candia sebbene si tratti di un episodio avvenuto nel conflitto contro l'Austria del 1663-64.

The Ottoman artillery played a major role during the Candian war, not only in Crete or in the naval battles, but also in the coastal forts arranged to repulse opponents access in the Dardanelles. The gunners shown in the illustration dates back to the years of the war, although this is an episode of the 1663-64 war against Austria.

▶ Con il termine *çavus* si indicavano tutti quei funzionari dell'amministrazione statale dipendenti dal sultano, i paggi e pure gli aiutanti dei comandanti, nonché uno speciale reparto della cavalleria *sipahy*. Erano loro che assicuravano il flusso organizzativo e amministrativo dell'esercito, impiegati tanto come porta ordini che messaggeri e commissari.
(Incisione di anonimo da miniature ottomane del XVII secolo; archivio degli autori)

The term çavus qualified state officers employees by the sultan, pages and even assistants of the commanders, as well as a special department of the sipahy cavalry. They assured the administrative organization of the army, both used as messengers and commissars.

Per quattro ore le navi a remi turche bersagliarono il vascello veneziano, che rispose con tutti i pezzi a disposizione, impiegando proiettili incatenati e la mitraglia. Lontano dal resto della squadra, mentre da terra barche e brigantini trasportavano a bordo delle unità assalitrici nuove truppe per rinforzare gli equipaggi, il vascello di Dolfin perse l'alberatura e quindi il timone, tuttavia l'equipaggio si difese con la forza della disperazione e alla fine riuscì a eludere gli avversari. Nonostante dodici colpi sotto la linea di galleggiamento, il vascello di Dolfin uscì dagli Stretti trascinato dalla corrente, trovando fortunatamente un passaggio in mezzo alle unità amiche e nemiche che si combattevano l'una con l'altra e infine si ricongiunse col resto della sua squadra.

Una galeazza veneziana rischiò di perdersi quando fu assalita da prua da due vascelli che assieme alle galee dei bey erano accorse verso gli Stretti per chiudere in una morsa la flotta nemica, ma fu salvata dall'arrivo delle galee che facevano parte della squadra di Dolfin. Sorte diversa toccò al vascello *Casa di Nassau*, stretto da due navi barbaresche, arenatosi sulla sponda asiatica e catturato con tutto l'equipaggio compreso il comandante, il *nobiluomo* Francesco Milino. Un vascello ottomano si era lanciato all'inseguimento del *San Zorzi*, ma a quel punto le parti si invertirono e fu la volta dei turchi a rischiare la cattura, ma l'intervento delle beylere e dei Barbareschi sventò la minaccia.

Il combattimento era durato sei ore, durante il quale i veneziani avevano subito fra morti, feriti e prigionieri la perdita di quasi 3.000 uomini e 5 unità, mentre da parte ottomana si lamentò la perdita di 2 vascelli, una maona e 3 galee, più un numero imprecisato di soldati e marinai. Murad Pasha si ritenne soddisfatto dell'esito dello scontro e condusse la flotta parte verso Mitilene (od. Mitilini) e parte verso Chios, dove sostò alcuni giorni per le riparazioni.

Il 24 giugno la flotta ottomana lasciò quei porti nella notte, a fanali spenti e ai primi di luglio raggiunse Creta, portando i preziosi rifornimenti e le paghe per l'esercito. Durante la navigazione Murad Pasha aveva cercato di assalire il possedimento veneto di Tino (Tinos), ma informato che le galee di Alvise Mocenigo lo stavano per raggiungere aveva ripreso la rotta per La Canea Ad ogni modo nel 1654 la flotta turca era stata sul punto di sconfiggere i veneziani e ciò avrebbe potuto rivelarsi decisivo, quanto meno per la continuazione della strategia del blocco. Se l'azione coordinata della flotta del kapudan pasha e quella delle beylere con i barbareschi fosse avvenuta in maniera meno caotica e con più determinazione, per le navi di Dolfin difficilmente ci sarebbe stato scampo e con ogni probabilità Venezia non avrebbe potuto continuare a oltranza nel blocco dei Dardanelli. L'esito della campagna del 1654 addolorò a tal punto il capitano generale Alvise Mocenigo, che morì poco dopo a Candia, all'età di 72 anni.

La partita si riaprì un anno dopo, quando la flotta della Repubblica si presentò nuovamente davanti agli Stretti anticipando ancora una volta l'uscita degli avversari. I veneziani schieravano 27 vascelli, 4 galeazze e 6 galee, che si disposero in maniera tale da evitare la confusione e gli errori che avevano determinato l'insuccesso di un anno prima. Invece di dividere la flotta in tre squadre separate, Lazzaro Mocenigo, capitano straordinario delle navi di fresca nomina, scelse di tenere le unità raggruppate al centro del canale, scaglionate su quattro linee successive, in modo da poterle controllare più agevolmente, attendendo il momento critico in cui gli avversari, discendendo il canale, avrebbero deviato verso l'una o l'altra riva e scegliere il momento giusto per levare gli ormeggi e gettarsi alle spalle dei nemici. A quel modo il capitano contava di ottenere quel sincronismo e quella rapidità che erano mancate un anno prima a Dolfin, convertendo l'iniziale vantaggio ottomano della corrente in un fattore a favore dei veneziani.

I vascelli si disposero al centro, mentre le galee e le galeazze stazionavano sulla destra, formando una squadra autonoma presso la riva asiatica, lato dove la corrente era meno forte e dove verosimilmente la navi avversarie non sarebbero transitate. Rinfrancati dal parziale successo dell'anno precedente, gli ottomani - adesso agli ordini del kapudan pasha Zurnassan Mustafa - salparono la mattina del 21 giugno 1655 sicuri di forzare lo sbarramento, pur non potendo disporre dei vascelli barbareschi, trattenuti dalla presenza nelle loro acque da una squadra inglese. Zurnassan pasha disponeva di 30 navi a vela, compresi 3 mercantili armati noleggiati da privati olandesi e inglesi, che avanzarono in linea di fronte occupando tutto il canale. Dietro seguivano 8 maone e una sessantina di galee, incaricate di impegnare in combattimento le unità a remi avversarie con buone prospettive di successo, data l'enorme superiorità numerica. Secondo le informazioni in possesso dei veneziani, la flotta turca aveva a bordo 8.000 fra giannizzeri e sipahy destinati a Candia; quindici pasha guidavano ciascuno 600 *levend* con i quali intraprendere sbarchi ai danni delle basi della Repubblica nell'arcipelago. Stavolta però le cose presero un andamento diverso da quello sperato dai turchi: invece di togliere gli ormeggi e di perdere l'ordine dello schieramento, i legni veneziani rimasero fermi all'ancora in attesa dell'ordine di Mocenigo.

Il giorno prima il comandante veneto aveva ispezionato le navi una per una e aveva esortato capitani ed equipaggi al compito che li attendeva. A sua volta Antonio Barbaro, comandante delle unità a remi, montato su una feluca visitò le imbarcazioni ai suoi ordini ricordando a tutti di attenersi agli ordini e di comportarsi con disciplina, promettendo una vittoria certa. Conformemente alle disposizioni ricevute, la prima linea di vascelli - agli ordini di Antonio Zeno - rimase all'ancora e fece sfilare i legni turchi che, come previsto, deviarono verso la riva europea. Lentamente, a vele ridotte, i velieri ottomani si disposero in linea di fila portandosi a tiro di cannone e procedendo uno dietro l'altro iniziarono a subire le bordate delle navi di Mocenigo che presero a sparare senza sosta. L'ancoraggio favorì in maniera decisiva la precisione del fuoco veneziano, mentre da parte turca i colpi provocarono solo lievi danni. Alcuni

▲ L'impiego di ampi soprabiti, come quello raffigurato in questa illustrazione del XVII secolo, era comune da parte della popolazione ottomana per proteggersi dai rigori del clima e dalle intemperie e impiegato normalmente anche dai reparti irregolari dell'esercito, come questo incursore *dely* del serrhaddkulu. La cavalleria ottomana, tanto i sipahy, come gli altri reparti, fu impiegata in gran numero durante la difesa dei Dardanelli fra il 1657 e il 1660. Complessivamente almeno 50.000 uomini furono mobilitati per presidiare gli Stretti e la costa settentrionale dell'Anatolia e di questi un terzo erano soldati di cavalleria. (Incisione di anonimo da miniature ottomane del XVII secolo; archivio degli autori)

The use of large coats, like the one depicted in this illustration of the 17th century it was common by the Turkish population to protect themselves from climate rigors and also normally used by irregulars as the serrhaddkulu dely raiders. The Ottoman cavalry, both the sipahy, like other corps, was employed in large numbers during the defense of the Dardanelles between 1657 and 1660. A total of at least 50,000 men were mobilized in surveillance of the Straits and the northern coast of Anatolia, and of this figure one third were cavalrymen.

sultane, centrate sotto la linea di galleggiamento, accusarono il colpo e finirono per sbandare, andando a impigliarsi con quelli che seguivano, creando un groviglio tale da rendere ancora più letale il fuoco avversario. Il kapudan pasha con le galee e le maone provò a superare gli avversari vogando a tutta forza verso la sponda asiatica e approfittando della confusione del combattimento la maggior parte delle unità a remi ottomane guadagnò l'uscita dal canale. Le unità di coda della flotta leggera vennero invece investite dalle galee e dalle galeazze venete e dopo un breve ma cruento combattimento, nel quale andarono perdute una maona e tre galee, virarono per risalire il canale e rientrare a Galata. Fino a quel momento la battaglia si era svolta secondo i piani di Mocenigo che dette ordine di mollare l'ancoraggio, ma un improvviso calo di vento rallentò la manovra dei vascelli. Nonostante l'intervento delle galeazze, che presero a rimorchio i velieri, il momento decisivo stava sfumando. Una parte delle navi a vela rimasta senza rimorchio fu trascinata dalla corrente e tre di esse si trovarono isolate nel mezzo del canale, dove furono assalite dai vascelli ottomani. Mocenigo riuscì a portare soccorso a due navi, mentre a bordo dell'olandese *David Golia* iniziò un incendio che la incenerì assieme alle tre sultane che l'avevano abbordata.

Un'altra sultana fu catturata da Mocenigo a bordo del vascello *San Marco*, mentre altre due si incagliarono presso la sponda europea. Il resto delle unità a vela ottomane si salvò grazie all'intervento delle galee dei bey che le rimorchiarono in salvo fuori dal canale. Stavolta la battaglia si era conclusa con una netta affermazione dei veneziani, che avevano perduto una nave a vela e 126 uomini, mentre da parte turca si lamentava la perdita di 9 vascelli, un migliaio di morti e 358 prigionieri. Tuttavia, in un modo o nell'altro, la flotta a remi era passata quasi indenne attraverso il blocco per approdare a Fochies. Implacabile Mocenigo li raggiunse e bloccò con i suoi vascelli l'uscita dalla rada. Alla fine dell'estate la flotta ottomana aveva portato solo qualche modesto soccorso a Creta con solo 12 galee. La tattica escogitata da Mocenigo si era dimostrata più che adeguata per arrestare i vascelli avversari, ma non a bloccare le unità a remi e non risolveva il problema rappresentato dalla flotta delle beylere, la quale, agendo dalle basi fuori dagli stretti, non risentiva del blocco dei Dardanelli, permettendo al kapudan pasha di mitigare le conseguenze degli insuccessi e di mantenere aperto un canale di rifornimenti vitale per il corpo di occupazione a Creta. Nel 1656 Lorenzo Marcello, capitano generale da mar appena insediato, e il consiglio di guerra attribuirono le cause del parziale successo dell'anno prima al numero insufficiente di unità a remi in supporto ai vascelli e quindi fu deciso di destinare al blocco degli Stretti l'intera flotta. In primavera i veneziani gettarono l'ancora all'imboccatura del canale forti di 28 vascelli, 7 galeazze e 31 galee. Verso la metà di giugno gli indizi di una prossima uscita della flotta nemica divennero sempre più frequenti. Come Mocenigo l'anno prima, anche Marcello schierò la flotta al centro, ma stavolta in una formazione a cuneo ancora più compatta. Insieme alle navi a vele si trovavano nel centro anche 5 galeazze, mentre le altre due con tutte le galee si trovavano in retroguardia quale riserva mobile. Il 26 giugno gli ottomani uscirono dal porto con uno schieramento impressionate di più di 100 navi, compresi 4 grandi vascelli con più di 60 cannoni. Trascinato dalla forte corrente, il dispositivo veneziano si stava spostando verso la costa europea, ovvero verso il lato in cui gli avversari erano soliti percorrere per uscire dal canale. Intuita la trappola, il kapudan pasha Kenan Sinau ordinò a tutte le unità di deviare verso la costa asiatica, cioè su una rotta mai tentata in precedenza.

Ma su quel lato la costa è molto più frastagliata e in quell'occasione il forte vento di tramontana spinse le navi turche verso un'insenatura presso il promontorio di Kephez, dove rimasero imbottigliate e furono costrette ad ancorarsi attendendo le galee per ricostituire la formazione. A rendere ancora più precaria la situazione dei vascelli turchi, accadde che il vento girò a favore dei veneziani e a quel punto la sorte apparve segnata. La maggior parte delle galee turche riuscì ad avvicinarsi ai vascelli per rimorchiarli fuori dall'insenatura, ma l'arrivo a tutta velocità delle navi veneziane, con alla testa la *San Marco* condotta da Lazzaro Mocenigo - rimasto in *Armata* come semplice volontario - indusse le galee verso il centro del canale a mollare precipitosamente i rimorchi per mettersi in salvo, abbandonando i vascelli al loro destino. Altre galee rimasero a loro volta imbottigliate fra i legni dentro l'insenatura mentre tutte le unità venete procedevano alla massima velocità contro di esse. Mentre dalla riva le truppe a piedi si affannavano a puntare le batterie contro i nemici per dare copertura alla flotta, le galee turche vennero colte di sorpresa dalle pari classe veneziane; nel frattempo la corrente sospingeva verso terra le navi, facendole impigliare l'una con l'altra.

Il panico si diffuse e molti equipaggi abbandonarono le imbarcazioni per mettersi in salvo a riva. Sotto lo sguardo atterrito del gran visir Sadjbaghi Mehmet che, dalla costa, seguiva lo svolgimento della battaglia, si stava materializzando la sconfitta più disastrosa dai tempi di Lepanto. L'arrivo delle cinque galeazze inserite fin dall'inizio nel dispositivo delle navi a vela, diede il colpo di grazia alle residue speranze del kapudan pasha; gettate le ancore a breve distanza dalle sultane, iniziarono a cannoneggiarle di prua e di poppa, mentre la moschetteria faceva strage degli equipaggi, affannati a manovrare nel disperato tentativo di risalire il vento. Le galee veneziane, sfruttando abilmente manovrabilità e velocità, catturarono un gran numero di legni avversari; nel corso di un tentativo di arrembaggio a una sultana rimase mortalmente ferito il capitano generale Lorenzo Marcello. La notizia della morte del valoroso ammiraglio fu tenuta nascosta, al fine di non distogliere l'attenzione di capitani, soldati e marinai dalla preda ormai agonizzante. Fra il 26 giugno e il giorno seguente gli ottomani persero tutti e 28 i loro vascelli, 5 maone e 45 galee; a parte la morte di Marcello, l'unica perdita veneziana di rilievo fu quella del vascello *San Marco*, comandato dal temerario Lazzaro Mocenigo, incagliatosi sulla riva e poi dato alle fiamme dal proprio equipaggio. La notizia della sconfitta giunse a Istanbul il giorno stesso e provocò il panico della popolazione; la corte stessa con il sultano Mehmet IV abbandonò precipitosamente il Topkapi. L'esito dello scontro appariva ancora più grave in quanto, questa volta, anche le unità a remi erano state annientate, mentre nelle altre battaglia erano riuscite alla meno peggio a eludere il blocco navale e a penetrare nell'arcipelago. La sconfitta prefigurava conseguenze drammatiche per la continuazione della lotta e rendeva pericolosamente indifeso l'accesso al Mar di Marmara. La situazione diventava ogni giorno più critica, in quanto i veneziani,

▲ Per oltre venti anni il **porto di Candia** rappresentò la sola via di collegamento fra Venezia e i difensori, la cui resistenza fu alimentata dal continuo apporto di rifornimenti trasportati via mare. Anche se isolata dal resto del *Dominio da Mar*, la città continuò a ricoprire un ruolo mercantile di considerevole importanza, grazie soprattutto al lavoro di Francesco Morosini che fra il 1655 e il 1657 ricoprì la carica di provveditore generale del regno. Morosini riaprì il porto ai traffici internazionali applicando franchigie a favore delle imprese mercantili e incoraggiando i corsari cristiani a vendere in quella piazza le loro prede. In quegli stessi anni nell'arsenale di Candia si allestirono nuove galee, cosa che non era più avvenuta dal 1648. (Foto Bruno Mugnai)

For more than twenty years the port of Candia represented the only link between Venice and its defenders, whose resistance was effective thanks to constant supplies sent by sea. Although isolated from the rest of the overseas colonies, the assiduous work of Francesco Morosini - in his role of governor between 1655 and 1657 - granted access to international trade with dispensation of fees in favour of merchants and encouraged privateers to sale stolen goods on site. In the same period new galleys were built, something which had not occurred since 1648.

◄ Questo *corsaletto da mare*, oggi conservato nella collezione di palazzo Venezia a Roma, proviene da una produzione bresciana della metà del XVII secolo appartenuto alla famiglia Grimani. La superficie è in acciaio bronzato lavorato a mola. Armi difensive come questa erano usate a bordo delle navi dai maggiori ufficiali delle flotte cristiane.

This sea armor, belonged to Grimani family, is a mid-seventeenth century production from Brescia, now preserved in Palazzo Venezia collection in Rome. The surface is in bronzed steel wheel worked. This defensive weapons were used on board by high officers of the Christian fleets.

► Il ***Bailo alla Porta ottomana***, come si chiamava l'ambasciatore veneto, aveva il difficile compito di sondare la disponibilità avversaria a una composizione del conflitto, ma la sua azione si risolse sempre con un nulla di fatto. Nel gennaio del 1648 il senato aveva approvato la proposta per aprire la trattativa con il sultano, offrendo le isole di Tino e Parga, tutto il territorio conquistato in Dalmazia e 500.000 *reali* da pagare in tre anni, in cambio del totale ritiro turco da Creta. Nel gennaio del 1663 il bailo Antonio Capello era morto ad Adrianapoli in circostanze poco chiare, sostituito da Giovanni Battista Ballarino e poi dal 1668 da Alvise Molin, che fino all'ultimo cercò invano un accordo per conservare il possesso di Candia.

The Bailo to the Ottoman Porte, as the Venetian ambassador was called, had the difficult task of probing the opponent's willingness to close the conflict, but its action is always resolved with a stalemate. In January 1648 the Senate had approved the proposal to open negotiations with the Sultan, giving the islands of Tinos and Parga, the territories conquered in Dalmatia and 500,000 reals to be paid over three years, in exchange for a full withdrawal from Crete. In January 1663 bailo Antonio Capello had died in unclear circumstances in Edirne, replaced by Giovanni Battista Ballarino and in 1668 by Alvise Molin, who tried in vain to maintain possession of Candia with diplomatic agreement.

ormai padroni dell'arcipelago, occupavano con due successivi sbarchi le isole di Tenedo e Lemno (od. Lemnos, in Grecia), con l'obiettivo di installarsi stabilmente di fronte agli Stretti. Il successo conseguito l'anno prima e la morte di Lorenzo Marcello portarono nel 1657 all'elezione di Lazzaro Mocenigo a capitano generale da mar, ma questi dovette confrontarsi con una situazione strategica diversa rispetto al passato, perché i turchi, provati dal disastro di un anno prima, decisero di concentrare le proprie forze navali fuori dai Dardanelli prima dell'arrivo della flotta veneta e portarono a compimento un ambizioso piano di fortificazione del canale. Il gran visir Köprülü Mehmet, appena insediato, voleva rendere inaccessibili gli Stretti alla flotta nemica mediante la costruzione di nuovi castelli. Già in passato la sultana Walide aveva appoggiato questo progetto con tutta la sua autorità, memori dell'incursione dei Cavalieri di Santo Stefano nel 1609, ma all'epoca il tesoro non disponeva delle 40.000 piastre necessarie all'edificazione delle nuove batterie e la resistenza dei rappresentanti dei villaggi circostanti, preoccupati per la presenza ravvicinata delle guarnigioni, contribuì a far cadere il progetto. La distanza fra i due capi del canale era ragguardevole e molti dubitavano che si potesse efficacemente difendere col fuoco delle batterie. Ad ogni modo tutte le difficoltà scomparvero di fronte alla volontà ferrea del gran visir. La flotta ricevette l'ordine di passare l'inverno all'ingresso dei Dardanelli e gli equipaggi furono impiegati per la costruzione delle nuove fortificazioni sotto la direzione dell'architetto Moustafa Aga e del comandante delle guarnigioni dei Dardanelli Frenk Ahmed pasha. I due nuovi castelli formavano un quadrato regolare del quale ogni lato aveva una lunghezza di 356 metri; uno di questi ricevette il pomposo nome di Kilidol-Bahr (chiave del mare), l'altro fu chiamato Seddol-Bahr (diga del mare), in contrasto con quelli costruiti sotto Mehmet II, sulla costa asiatica, che portavano i nomi più modesti di Koum-Kalaasi (castello di sabbia) oppure Çanak-Kalaasi (castello delle stoviglie) a causa delle manifatture di ceramica che sorgevano nei paraggi.

L'energica risoluzione gran visir Köprülü Mehmet di far salpare da Istanbul già ai primi di marzo una squadra di 36 galee e 4 maone, permise di concentrare fra Mitilene e Chios una flotta che con le galee beylere e i vascelli nordafricani poteva garantire una scorta efficace ai trasporti che, dai porti del Peloponneso o da Smirne, raggiungevano Creta per trasportare le paghe dell'armata e tutti quei rifornimenti necessari a mantenere l'anello di assedio a Candia. Il nuovo kapudan pasha, Sidi Ahmed, non fu giudicato all'altezza dal gran visir, che insediò al suo posto il veterano Topal Mehmet, uomo non giovanissimo e claudicante e per questo soprannominato 'lo zoppo'. Niente era stato lesinato per mettere a disposizione del nuovo comandante una flotta in grado di reggere il colpo: Köprülü destinò all'arsenale di Galata i fondi per la costruzione di 60 nuove imbarcazioni; si arruolarono marinai in tutte le province; si raccolsero rematori offrendo premi di ingaggio non indifferenti, considerata la scarsità di schiavi e prigionieri di guerra che affliggeva in qual momento la flotta e per rinforzare gli equipaggi destinò 3.000 giannizzeri e 2.000 volontari, che si erano arruolati a condizione che dopo la campagna sarebbero stati incorporati nella cavalleria *kapikulu*.

Nonostante l'iniziale successo strategico conseguito con l'ingresso anticipato nell'arcipelago, alla metà di aprile il nuovo kapudan pasha fallì la riconquista di Tenedo, preoccupato dalle informazioni che davano per imminente l'arrivo dei veneziani. Avvisato sull'attività della flotta nemica, il capitano generale Lazzaro Mocenigo era infatti salpato da Candia con 19 galee e 16 galeazze; durante la navigazione catturò alcuni trasporti nemici al largo delle isole Spalmadori, nel canale di Chios, e avvistò la flotta turca che faceva vela in direzione di Samos. Due giorni dopo, il 3 maggio, i veneziani assalirono 14 vascelli barbareschi catturando l'ammiraglia della squadra di Algeri. Approfittando dell'assenza di vento e sparando con palle incatenate agli alberi, i cannoni di corsia delle galee e i grossi calibri delle galeazze obbligarono i corsari nordafricani a rifugiarsi vicino alla costa, dove 9 vascelli andarono a schiantarsi fra gli scogli. Fra i prigionieri il capitano generale interrogò un *çavus* turco, che era stato inviato da Costantinopoli a Chios con il denaro e l'ordine di riunire la flotta nordafricana del *rais* Houssein d'Algeri con quella del kapudan pasha. La squadra di Mocenigo catturò 346 prigionieri e si impadronì di mercanzie egiziane del valore di 300.000 piastre. I legni veneziani si diressero allora nella baia di Svazichi, impadronendosi della fortezza, nella quale furono trovati 30 cannoni, fra i quali molti recavano lo stemma con il leone di San Marco, risalenti alla conquista di Cipro; in meno di due mesi Mocenigo aveva catturato 44 legni turchi e una piazzaforte sulle coste dell'Anatolia. Il capitano generale aveva nel frattempo inviato il capitano delle navi Marco Bembo all'imboccatura dei Dardanelli per intercettare il convoglio di rifornimenti che si stava allestendo a Istanbul e il cui obiettivo principale rimaneva quello di mantenere la pressione sulla capitale dell'Impero Ottomano. Era infatti noto anche ai turchi che le intenzioni dei veneziani non si sarebbero limitate al mantenimento del blocco, ma a qual punto si profilava l'evenienza di una assalto a Istanbul. L'idea di risalire gli Stretti e raggiungere il Bosforo per imporre la pace con i cannoni della flotta era stata ventilata da Lazzaro Mocenigo come estrema ratio per mettere una volta per tutte fine alla guerra. Il piano era audace, ma stavolta l'obiettivo sembrava a portata di mano, considerato lo stato di prostrazione nel quale si trovava la flotta nemica. Bembo disponeva di 20 vascelli e 7 galeazze, ma al momento dello scontro poté contare soltanto su 4 galee, quindi una forza assai meno numerosa di quella impiegata un anno prima, che aveva operato con tanta efficacia. La dispersione della flotta era stata causata dall'uscita in anticipo delle unità ottomane e all'arrivo dei vascelli barbareschi nell'arcipelago. A complicare la situazione per i veneziani contribuì l'incostanza dei venti e l'insidiosità delle correnti, che rallentarono oltre ogni previsione il rifornimento d'acqua eseguito nella vicina Imbro (od. Gökçeada in Turchia) dalle altre galee presenti ai Dardanelli. Alla metà di luglio gli equipaggi ottomani erano pronti a salpare per dirigersi verso gli Stretti, consapevoli di dover sostenere uno scontro che poteva risultare fatale non solo alla flotta, ma a tutto l'impero. Lo svolgimento della campagna

navale era stato seguito fin dall'inizio dal gran visir in persona, giunto via terra ai Dardanelli. Nuove batterie erano state posizionate ai due lati del canale, su entrambe le rive erano dislocati manipoli di fanteria pronti a intervenire, mentre squadre di cavalleria percorrevano avanti e indietro il litorale perlustrando ogni anfratto. La flotta veneziana aveva gettato l'ancora davanti alla costa europea fra il villaggio di Büyük Kipos e la baia di Kafırbucaçi, per facilitare il ritorno delle galee con il rifornimento di acqua. Il comando delle navi ottomane venne affidato a Çerkes Othman, luogotenente del kapudan pasha che da marzo si trovava nell'Egeo. All'alba del 17 luglio la flotta turca si mosse da Galata e entrò nel canale, poche ore dopo le due flotte si scontrarono. Othman Pasha schierò in linea le 18 sultane, seguite da 2 maone e 30 galee, mentre altre 8 maone ricevettero il compito di impegnare la flotta avversaria. Furono queste le prime unità a entrare in azione, ma ancora una volta il fuoco preciso dei legni veneziani che si erano ancorati spezzò l'impeto degli avversari. Una maona fu catturata, altre quattro ebbero i loro equipaggi decimati, mentre le ultime tre, con i giannizzeri a bordo, voltarono le prue e fuggirono; gli equipaggi sbarcarono sulla costa asiatica e assistettero in tutta tranquillità al combattimento. Il sançabeg di Alaiye, Genç Mehmet, che comandava un reparto di fanteria sulla spiaggia, si gettò con una sessantina di soldati su due caicchi e prese d'assalto le quattro galee nemiche che rimorchiavano la maona turca catturata, sottraendola con un'audace azione. Il sacrificio delle maone turche servì quantomeno a 13 vascelli, una maona e almeno 6 galee a passare a ridosso della costa europea per dirigersi in mare aperto. Altri 5 vascelli non furono altrettanto fortunati e andarono perduti. Mehmet Köprülü, che dalla riva era stato testimone della pessima condotta dei giannizzeri, salì su una feluca per avvicinarsi al luogo dello scontro e intimò loro, non senza fatica, di ritornare a bordo delle navi. Nel frattempo la squadra del capitano generale Mocenigo, forte di 28 galee, era da poco entrata nel canale e stava rinnovando l'attacco contro le unità a remi turche; 17 di queste cercarono di defilarsi per mettersi sotto la protezione delle batterie costiere dalla parte asiatica, vicino al villaggio di Küçük Kipos; altre 15 galee turche trovarono la rotta sbarrata dagli avversari e allora si diressero verso la costa asiatica, dove i loro equipaggi sbarcarono sulle rive.

▲ **Ritratto del *sopracomito* di Zante Moukios da Roma,** ca. 1665. Il nobile greco ritratto fu fra il 1665 e il 1669 al comando della squadra delle galee allestite dalle *tre isole*: due da Zante e una ciascuna da Cefalonia e Corfù. La popolazione greca delle isole ioniche, molto più di quella della terraferma veneta, partecipò attivamente alla guerra sui mari con ufficiali, marinai e rematori. (Archivio degli autori)

Portrait of the captains of Zakynthos Moukios da Roma, circa1665. The Greek noble was the commander of the galleys provided by the three islands: two galley from Zakynthos and one each from Kefalonia and Corfu. The Greek population of the Ionian Islands, much more than occurred in Venetian Terraferma, participated actively in the war on the seas with officers, sailors and rowers.

▶ Il disegnatore fiorentino **Stefano Della Bella** (1610-64) traspone efficacemente sulla carta la violenza di uno scontro in mare alla metà del Seicento. I combattimenti terminavano raramente con l'affondamento di una galea, mentre più spesso l'esito finale si aveva con la resa dell'equipaggio. Un'altra pericolosa evenienza di questi combattimenti erano gli incendi, che potevano facilmente propagarsi da una nave all'altra.

The florentine artist Stefano Della Bella (1610-64) transposes effectively on paper the violence of a naval fight in the half of 17th century. The fighting rarely ended with the sinking of ship, and surrender of crew was more often the final outcome. Another dangerous occurrence in these battles were fires, which could easily spread from one ship to another.

Inflessibile, il gran visir ordinò alle truppe sulla spiaggia di fare fuoco sui fuggitivi, quindi fece puntare i cannoni delle batterie per proteggere le navi che si trovavano davanti a Büyük Kipos. Le 17 galee che grazie ai remi e al vento favorevole si erano rifugiate sotto le batterie dell'altro villaggio, furono sospinte dalla corrente verso la costa asiatica per gettare infine l'ancora sotto il castello di Koumtorni, dove, protette dalle batterie posizionate sulla spiaggia, resistettero il giorno seguente a un nuovo attacco. La scarsità di galee nel dispositivo veneziano, compensato solo parzialmente dall'arrivo della squadra di

Mocenigo, non aveva permesso una vittoria completa. I resoconti veneziani della battaglia concordano nel riconoscere cha in quell'occasione marinai e soldati ottomani si erano battuti con coraggio e avevano manovrato con una precisione e una tempestività fino allora mai riscontrate; inoltre la presenza di un così alto numero di batterie sulle due sponde rendeva problematico ai veneti portare a fondo gli attacchi. Nel corso della campagna navale del 1657 si svolse il famoso e controverso assalto navale a Istanbul, una sorta di atto finale della contesa nei Dardanelli, guidato da Lazzaro Mocenigo alla testa di una squadra scelta di 12 galee. I resoconti su quella fatidica giornata non concordano su alcuni dei dettagli, pertanto non è pienamente confermato che i veneziani si apprestassero ad attaccare Istanbul e alcune testimonianze riferiscono che la *bastarda generalizia* di Mocenigo venne colpita durante il tentativo di impedire a sette galee nemiche di risalire il canale da punta Barbieri, dove avevano trovato rifugio sotto le batterie, nel terzo giorno di combattimento, infuriato fra venti mutevoli, correnti contrarie e le *molestie* dell'artiglieria turca appostata sulle due rive. Ad ogni modo l'episodio segnò un punto di svolta nella guerra e il fallimento di quell'azione, il cui risultato sarebbe comunque stato tutto da valutare sul piano strategico, provocò dal punto di vista psicologico un forte senso di impotenza a Venezia, che aveva attribuito all'opzione di portare la guerra sulle coste del nemico la chiave per sconfiggerlo. L'abbandono della strategia del blocco navale non si interruppe *tout court* dopo la morte di Lazzaro Mocenigo, come talvolta alcuni storici hanno riportato, bensì per altri due anni l'Armata Grossa, con l'appoggio di una dozzina fra galee e galeazze, si portò nuovamente davanti ai castelli, senza però sostenere alcuna battaglia paragonabile a quelle degli anni precedenti. Sulle due rive erano disseminate ovunque truppe; nuove batterie erano state realizzate e altre si stavano approntando. Nella primavera del 1658 penetrare negli Stretti era diventato quasi proibitivo: tornando da Bursa, diretto a Edirne, nel settembre del 1659 il sultano visitò le nuove costruzioni e ordinò di munirle del maggior numero di cannoni possibile. Per il resto gli ottomani continuarono a evitare ogni occasione di scontro fino praticamente al termine della guerra.

La quarta battaglia dei Dardanelli era stata l'ultima grande battaglia navale della guerra di Candia. Il nuovo capitano generale da mar, Francesco Morosini, mutò l'indirizzo strategico e dal blocco navale che aveva condizionato direttamente o indirettamente l'azione della flotta nei dodici anni trascorsi e ne sostituì uno che intensificava le incursioni contro i porti del nemico, allo scopo di distruggere i centri di raccolta dei rifornimenti che la Porta aveva allestito per aggirare il blocco degli Stretti e per cacciare in ogni angolo dell'Egeo i convogli che trasportavano uomini e provviste a Creta. In questa fase le campagne si trasformarono in estenuanti crociere che, per certi versi, ricordano la battaglia dell'Atlantico fra i sommergibili di Doenitz e la flotta alleata. Constatata l'impossibilità di impedire l'accesso ai porti di Creta alle navi turche, la nuova strategia provocò il ripiegamento della flotta su Candia, fino a trasformarla in uno strumento a sostegno dell'esercito che difendeva la capitale. Assieme al sostegno ai difensori e alle campagne anfibie, ma spesso in subordine a esse, la flotta veneziana cercò senza mai ottenere successi significativi di frenare i soccorsi che da ogni parte giungevano a Creta, tentando perlopiù di chiudere l'accesso del principale porto turco sull'isola, La Canea, spingendosi talvolta a oriente per intercettare il traffico fra Alessandria e Istanbul. Nelle fasi precedenti le ultime tre campagne

d'assedio a Candia gli ottomani riuscirono a portare grandi contingenti di uomini e ingenti quantitativi di materiali e rifornimenti. Nel gennaio 1667, sotto la costante minaccia della flotta veneziana, erano sbarcati il contingente egiziano, guidato dal beg Ramazan, caduto prigioniero assieme ad altri ufficiali a seguito dell'assalto delle galee di Grimani e Molino, sempre in agguato in quelle acque per intercettare il naviglio nemico. Köprülü Ahmet non si perse d'animo e ricorse alla mobilitazione di tutte le navi a disposizione, ricorrendo anche ai mercantili stranieri, pagando indennizzi elevatissimi agli armatori che accettavano di trasportare a loro rischio a Creta i rifornimenti per l'esercito. Al termine del primo anno di campagna, allo scopo di incrementare il flusso dei rifornimenti, si rivolse in modo perentorio alle Reggenze nordafricane. Mehmet Aga, inviato dal gran visir presso gli stati barbareschi, lo informò delle risposte ottenute dai pasha: quello di Tunisi promise l'invio di 10 vascelli da guerra, altri 10 dal pasha di Tripoli, mentre Algeri si dichiarava pronta a mettere a disposizione tutta la flotta attualmente impegnata a fronteggiare i francesi che erano sbarcati a Gigeri. Prima della fine di maggio il kapudan pasha Kaplan riuscì ad approdare con tutti i trasporti alla Canea e negli altri porti secondari dell'isola. All'inizio dell'estate del 1668, con questi favorevoli auspici, l'assedio poteva riprendere con rinnovata energia e risorse fresche. Ad allietare il morale giunse la notizia della vittoria riportata nei paraggi di Nio contro due corsari, di cui uno – il cavaliere Giorgio Maria Vitali – considerato dagli ottomani come uno dei più temibili al servizio di Venezia, rimase ucciso nel combattimento del 15 giugno 1668. L'artefice di quella vittoria, il kapudan pasha Kaplan Mustafa, detto 'la pantera', fu ricompensato dal gran visir e gli fu riservato l'onore di far realizzare un'iscrizione in suo onore su uno dei bastioni dell'isola di Leros. Nell'autunno del 1668 apparve ormai chiaro che la tattica navale turca in materia di rifornimenti e conduzione dei convogli, stava assicurando al gran visir la sicurezza per la continuazione dell'assedio, che in effetti non subì alcuna interruzione fino alla resa dell'anno successivo. Prima della fine dell'anno, Kaplan la pantera riuscì a far sbarcare sull'isola 1.000 giannizzeri egiziani, 1.500 *cebeci*, un altro migliaio di artiglieri e altrettanti minatori, 4.000 volontari *sipahy* e *silihtar* e inoltre 2.000 tonnellate di polvere da sparo, 15.000 bombe da mortaio, 80.000 grandi proiettili per l'artiglieria, 20.000 granate a mano; praticamente tutto il necessario per un assedio di grandi proporzioni. La squadra tripolina composta da sei vascelli, dopo la vittoria sui corsari del 15 giugno, aveva catturato un bastimento veneziano e ai primi di luglio richiese al kapudan pasha l'autorizzazione a ritornare in patria, ma invece ricevette l'ordine di scortare i convogli di rifornimenti che da Smirne navigavano verso Creta. I Barbareschi ricevettero l'ordine di incrociare davanti alla costa sud dell'isola attorno a Giropetra (Hyerapetra), il cui piccolo porto, pur essendo stato ampliato rimaneva inaccessibile alle navi più grandi e obbligava gli ottomani a un lungo e pericoloso trasbordo. In ogni caso da quella località si poteva raggiungere facilmente la costa settentrionale attraverso un passo in corrispondenza del punto più stretto dell'isola, che metteva in comunicazione con il percorso costiero che dalla baia di Spinalonga si dirigeva verso Candia. La strategia navale di entrambi i contendenti era ormai completamente subordinata alla continuazione dell'assedio e coincideva con le necessità tanto degli assedianti che degli assediati: materiali e, soprattutto, uomini, il cui tremendo tributo di vite raggiunse nel 1669 una media giornaliera di 90 morti o feriti per i veneziani e probabilmente una volta e mezzo questa cifra per gli ottomani.

Nel luglio del 1669 la flotta veneziana fu la protagonista dell'ultimo tentativo per spezzare l'anello di assedio a Candia. Fallita disastrosamente la sortita del contingente francese il 26 giugno, i capi alleati si riunirono appena rientrata in porto la squadra degli ausiliari. Il capitano generale Morosini si era già recato dal *generalissimo* Rospigliosi per un preventivo accordo e avevano convocato un consiglio di guerra il 7 luglio, posticipato poi di tre giorni a causa della momentanea indisposizione del comandante in capo francese, duca Annes de Noailles. La riunione si svolse nella residenza del Morosini, sotto la presidenza del Rospigliosi, e, oltre a questi due e ai capi francesi - Noailles e l'ammiraglio Vivonne - vi parteciparono anche il *generale delle armi* Sant'André-Montbrun e il comandante veneziano Francesco Battaglia. Due furono le proposte messe in discussione: sbarcare dalle navi più uomini possibile e tentare una nuova sortita, oppure impiegare la flotta davanti a uno dei due bastioni più esposti per distruggere le batterie e gli approcci avversari. La scelta cadde sulla seconda, che a detta di tutti sembrava promettere qualche possibilità di successo. Rospigliosi fece tuttavia osservare che da tempo i turchi si erano preparati a fronteggiare un attacco dal mare e di conseguenza avevano eretto nuovi trinceramenti sulla spiaggia o adattati, trasformandoli, quelli già esistenti. Per quegli stessi motivi già l'anno prima l'idea di un bombardamento navale era stata abbandonata. Pur esistendo la possibilità che il bombardamento navale distruggesse qualche pezzo d'artiglieria avversario, quasi certamente le opere difensive avrebbero sofferto scarsi danni e che al contrario erano da prevedere per la flotta perdite costose in rapporto all'eventuale successo, in quanto una lotta fra navi e batterie riparate dietro terrapieni si era sempre rivelata disuguale, appurato che un solo cannone a terra era assai più efficace di un'intera nave da 40 cannoni.

Nonostante queste considerazioni, che pure avevano molto peso, la maggioranza dei membri del consiglio tenne fermo

▲ **Francesco Morosini** successe a Lazzaro Mocenigo nella carica di capitano generale nel 1658, incarico ricoperto per due volte fino al termine della guerra e successivamente ancora due volte fra il 1684 e il 1694.

Francesco Morosini succeeded in 1658 to Lazzaro Mocenigo in the office of General Captain, a position held for two times until the end of the war and then two more times between 1684 and 1694.

◄ Un frammento della decorazione di poppa della galea generalizia di Lazzaro Mocenigo. A soli 31 anni Mocenigo aveva ottenuto la nomina a *capitano generale da mar* e fra il 16 e il 19 luglio del 1657 sconfisse la flotta turca nella terza battagli dei Dardanelli. Nell'ultimo giorno di combattimento rimase ucciso dall'esplosione delle munizioni della sua galea, centrata dalle batterie ottomane appostate sulle rive degli Stretti. (Museo Storico Navale, Venezia)

A stern decoration fragment of the Lazzaro Mocenigo's galley. At only 31 years Mocenigo obtained his appointment as general captain and between 16 and 19 July 1657 defeated the Turkish fleet in the Third Battle of the Dardanelles. On the last day of combat was killed by the explosion of the ammunition of his galley, hit by the Ottoman batteries stationed on the Straits banks.

nell'idea di un bombardamento con la flotta. Venne allora stabilito di dare corso all'azione al più presto e dalla parte di Sant'Andrea, poiché su quel lato le navi potevano avvicinarsi alla costa molto più che verso il bastione di Sabbionera. Le probabilità di successo di un bombardamento diventavano sempre minori ogni giorno che passava, in quanto i turchi rinforzavano le loro batterie costiere; trascorsero così altre due settimane prima di procedere. Si attribuì il ritardo al mare mosso, considerato che solo con una perfetta bonaccia si poteva sperare di colpire con precisione il bersaglio. Finalmente il 23 luglio sul mare non tirava un soffio di vento e i capitani più esperti prevedevano bonaccia anche per il giorno seguente. Il Rospigliosi aveva emanato due ordini: nel primo stabiliva come le galee dovessero prendere a rimorchio i 15 vascelli francesi, i 14 vascelli e le 6 galeazze veneziane e portarle nelle posizioni assegnate; il secondo indicava i segnali, secondo i quali - sia di giorno che di notte – si doveva eseguire il movimento e quando aprire il fuoco. Ogni capitano aveva ricevuto una carta dove per ciascuna squadra della flotta era indicato con precisione il posto assegnato nell'ordine di combattimento. Nel pomeriggio del 23 luglio tutte le navi alleate si adunarono nella rada di Candia e il mattino seguente iniziarono a muoversi per i posti assegnati. I soldati ottomani appostati davanti al baluardo di Sant'Andrea devono aver assistito a uno spettacolo impressionante quando videro la manovra delle 58 navi che si schieravano davanti alla spiaggia. La *Capitana* pontificia si trovava alla testa con la bandiera della Santa Croce, dove era scritto *dissipentur omnes inimici ejus!*. La formazione avanzò in una sola

◄ L'estensore europeo di queste **miniature ottomane del XVII secolo** qualifica questo personaggio come un giannizzero del Cairo, mentre, probabilmente, si tratta di un azab della marina. Il significato della parola *azab*, scapolo, coincide non casualmente con quello utilizzato dai loro avversari veneziani per i membri del picchetto di guardia imbarcati sulle galee. (*Księga Osmańskiego Kostiumy*, ca. 1640-48; Biblioteka Narodowa, Varsavia)

The European revisers of these 17th century Ottoman miniatures qualifies this character as a janissary from Cairo, while, probably, is a marine azab. The meaning of the word azab, bachelor, not causally coincides with that used by their opponents about the members of the Venetian galley picket guards.

◄◄ I **levend** costituivano la parte più numerosa della soldatesca di marina degli ottomani, impiegati tanto come truppa da sbarco che come fanti imbarcati sulle galee, le maone o i vascelli. Il loro reclutamento era su base territoriale e veniva assegnato a tutte le provincie di mare dell'impero. Per sottolineare la loro appartenenza al mondo marinaro, in parata i levend mostravano gli avambracci e anche le spalle ripiegando le maniche delle camicie, o indossando abiti che lasciavano nude le braccia. (*Księga Osmańskiego Kostiumy*, ca. 1640-48; Biblioteka Narodowa, Varsavia)

The Levend constituted the main part of the infantry in the Ottoman navy, used both as landing troop or embarked soldiers. Their recruitment was on territorial basis and assigned to all marine provinces of the empire. To emphasize their belonging to the maritime world, in parade the Levend showed forearms and shoulders, even tucking the sleeves of shirts or wearing clothing that left nude her arms.

linea per ancorarsi a tiro di moschetto dalla spiaggia. Mentre la flotta avanzava, gli artiglieri ottomani la accolsero con un fuoco violento, infliggendole subito seri danni, tanto più che vascelli e galee non potevano reagire fino a rimorchio e schieramento ultimato. Alle 7 del mattino l'imponente linea delle navi si estendeva dal fiume Gioffiro fino al bastione di Sant'Andrea. All'estrema *ala destra* si trovavano 4 vascelli veneziani e successivamente verso sinistra 5 galee maltesi e papali, poi altri 2 vascelli veneziani, tra cui la nave del capitano dei vascelli e quindi altre 4 galee maltesi e papali.

Questa parte della flotta aveva il compito di battere sia gli accampamenti presso il fiume, sia le comunicazioni che lo collegavano coi trinceramenti di Sant'Andrea, in modo da impedire ai turchi di far affluire rinforzi verso il bastione minacciato. Poco distante il *centro* era formato da 3 galee pontificie e 2 maltesi, fra le quali le ammiraglie di Rospigliosi e del cavaliere Accarigi, disposte a scacchiera, affiancate da 2 galee e 2 vascelli veneziani alternati; il compito di queste unità consisteva nel bersagliare i trinceramenti turchi e specialmente le batterie con tiri di fianco e di rovescio. Per questo motivo la prua e le fiancate delle navi non si trovavano parallele alla costa, ma rivolte a sud-est.

L'ala sinistra formava il nucleo principale dello schieramento ed era quindi fortissima. Constava di tre parti: quella all'estrema destra, con 6 galee e 7 vascelli francesi; quella di mezzo con 6 galeazze veneziane; quella di sinistra con 7 galee e 8 vascelli francesi, tra cui la galea dell'ammiraglio Vivonne e la nave del vice-ammiraglio de Martel. Nello schieramento le galee si alternavano coi vascelli, invece le galeazze formavano un reparto autonomo. Alle navi toccava il difficile compito di impegnare la lotta con le batterie costiere turche e danneggiare o possibilmente distruggere i trinceramenti e le strutture logistiche del nemico che si trovavano nel raggio di tiro. La *Capitana* pontificia dette il segnale dell'inizio del bombardamento un minuto dopo le sette, issando una bandiera da guerra rossa e sparando il primo colpo. Subito rimbombò per tutta la linea il tuono di oltre 1.100 pezzi, il cui potente effetto costrinse subito i turchi al silenzio.

Gli artiglieri ritirarono i cannoni dietro i parapetti e si posero al coperto appiattendosi nelle trincee, mentre i proiettili fischiavano sopra le loro teste. Dalle navi non si scorgeva a terra alcun movimento; solo un reparto di cavalleria fu visto muoversi avanti e indietro fra le alture del campo presso il fiume Gioffiro e i trinceramenti di Sant'Andrea, evidentemente allo scopo di sorvegliare un tentativo di sbarco dalla flotta. Nella città assediata si osservava il grandioso e terribile spettacolo offerto dal bombardamento; per la prima volta, dopo tanto tempo, taceva il fuoco dei cannoni turchi contro le opere della piazza; nessun nemico si mostrava dietro le trincee e le batterie; nessun grido, nessuna palla di moschetto, nessuna granata e nessuna mina esplose contro i difensori. L'assenza di vento provocò i primi inconvenienti, in quanto si formò sullo specchio d'acqua una densa nube di fumo che avvolse le navi rendendo quasi impossibile il puntamento. Malgrado la scarsa visibilità, il cannoneggiamento non si interruppe, ma continuò senza sosta puntando i pezzi verso una direzione approssimativa.

Dopo tre ore di continuo bombardamento, si udì un tremendo boato provenire dalla linea dove si trovavano i vascelli francesi e immediatamente si videro volare per aria il fasciame e le attrezzature di una nave. Si trattava del vascello *Thérèse* da 58 cannoni con 293 uomini di equipaggio che si era disintegrato a causa dell'esplosione della polveriera. La fine della nave fu certamente provocata da un incidente a bordo e non a causa di qualche proiettile turco, perché in quel momento le artiglierie sulla spiaggia tacevano. Lo scafo dilaniato del vascello francese affondò in pochi minuti e solo sette uomini dell'equipaggio furono tratti in salvo. L'esplosione danneggiò seriamente anche la galea dell'ammiraglio Vivonne, che si trovava di fianco alla *Thérèse*. Lo stesso comandante francese fu scagliato fra i banchi dei rematori riportando qualche lesione e come lui tutto l'equipaggio rimase investito dai detriti e dalla vampata dell'esplosione. La galea perse una parte della poppa e iniziò a imbarcare acqua, costringendo l'ammiraglio a trasferirsi sull'imbarcazione del generalissimo Rospigliosi, chiedendogli di sospendere il bombardamento. L'azione delle navi avrebbe dovuto interrompersi a un certo punto per permettere una sortita dei difensori dal baluardo di Sant'Andrea e secondo il piano prestabilito avvisare la flotta issando una bandiera come segnale. Constatando che le munizioni stavano esaurendosi, Rospigliosi dette il segnale di ritirata, considerato che non restava altro da fare. Ma il momento critico di tutta l'impresa iniziò proprio in qual momento, poiché si trattava di portare nuovamente la flotta al largo rimorchiando i vascelli e a rendere più difficile l'operazione si aggiunse il vento, che aveva cominciato a spirare verso terra. A peggiorare la situazione intervenne l'annullamento della sortita, poiché si riteneva che gli assedianti fossero a conoscenza del piano e avessero preparato alcuni fornelli da far saltare davanti ai loro approcci. In ogni caso i turchi approfittarono di questa interruzione per tornare alle batterie, puntare i pezzi sulla flotta e aprire il fuoco a volontà.

Gli alleati non potevano rispondere al tiro dei cannoni e iniziarono a subire perdite gravissime, tanto più sensibili in quanto si era commessa l'imprudenza di interrompere il bombardamento istantaneamente, anziché sospenderlo gradualmente, riponendo troppa fiducia sull'effetto della sortita. Un'ora dopo la flotta riuscì a portarsi fuori dal tiro dalle batterie, pur tuttavia un altro vascello andò perduto. Circa le perdite subite dalla flotta cristiana durante questo bombardamento si hanno notizie certe solo per le 6 galeazze veneziane e per le navi francesi. Queste ammontarono a 28 morti e 56 feriti per le prime, e a 421 morti e 219 feriti per le seconde, pertanto è probabile che cifre simili si possano applicare anche al resto della flotta. Si deve comunque aggiungere che tutte le navi erano uscite danneggiate dall'azione; molte avevano perduto gli alberi, le antenne, i remi e quasi tutte erano state colpite dai proiettili sotto la linea di galleggiamento. A dispetto della grandiosità dei mezzi impiegati, il risultato materiale dell'impresa fu decisamente scarso: alcuni giorni dopo un disertore turco riferì che le perdite nel campo degli assedianti ascendevano a oltre 1.200 uomini, ma evidentemente si trattava di una cifra molto esagerata e di questo se ne accorsero presto gli alleati, quando la pressione sul baluardo Sant'Andrea riprese con lo stesso vigore di prima. Assai più grave fu l'effetto sul morale, che andò a tutto vantaggio degli ottomani, visto che anche l'ultima speranza dei difensori di Candia era svanita: l'impresa nella quale si era impiegata la più grande flotta mai riunita era fallita e come risultato rimaneva solo la certezza che nemmeno la superiorità navale degli alleati avrebbe potuto scongiurare la catastrofe e che la caduta della città sarebbe stata ormai solo questione di tempo.

LE OPERAZIONI ANFIBIE

I veneziani avevano intrapreso azioni a largo raggio contro i porti avversari già nei primi mesi della guerra: nel giugno del 1645 galee e vascelli veneti avevano bombardato il porto di Patrasso; un mese dopo erano penetrati nei porti di Corone (Coroni) e Modone (Methoni) nel Peloponneso, distruggendo le navi avversarie all'ancora e facendo migliaia di prigionieri. Nel marzo dell'anno seguente Giorgio Morosini era sbarcato a Tenedo, ma poche settimane dopo erano stati gli ottomani a riprendere possesso dell'isola. Azioni simili avvennero nella stessa Creta, non sempre con esiti favorevoli, come accaduto nel settembre del 1646 con lo sbarco guidato dal conte de Neuchesses non lontano da Retimo assediata, durante il quale la fanteria agli ordini del *sergente generale* Dumesnil disertò per fare ritorno sulle navi. Maggior successo ebbe invece un anno dopo l'azione delle galee guidate da Giovanni Battista Grimani contro i magazzini turchi a Mirabello di Creta. Il 12 maggio del 1649, il giorno stesso della battaglia navale di Fochies, i veneziani misero a segno una delle più audaci azioni della guerra, sbarcando un reparto di fanteria che si impadronì del forte nemico e smantellò le artiglierie a protezione della flotta turca rifugiatasi nella rada. Nel luglio del 1650 il provveditore d'armata Lunardo Mocenigo assalì il porto di Malvasia e cannoneggiò

la fortezza, catturando 17 legni nemici carichi di merci. Negli anni seguenti le azioni da sbarco si concentrarono contro i porti dove si raccoglievano i rifornimenti per l'esercito a Creta e gli scali nelle isole dell'Egeo. Nell'autunno del 1651 il capitano generale Lunardo Foscolo sbarcò a Samos, Leros e Stanchio (Kos), dove distrusse i forti, sequestrò le provvigioni e arruolò rematori per le galee. Un anno dopo Foscolo assalì Mitilene, ma dovette rinunciare a un nuovo assalto a Malvasia. Nella primavera del 1654 Francesco Morosini, futuro artefice e specialista della guerra anfibia, guidò alcune spettacolari azioni nell'Egeo, corseggiando le coste del Peloponneso e sbarcando a Egina, dove affondò 26 legni nemici carichi di grano diretto alla Canea. Le incursioni continuarono anche nelle campagne successive, facilitati dall'assenza della flotta nemica impegnata a districarsi senza successo dai Dardanelli. Alla fine di giugno del 1655 Antonio Barbaro sbarcò a Napoli di Romania e la tenne sotto assedio fino alla metà di settembre dopo averne distrutto il porto; quindi si rivolse su Megara, nonostante l'autunno alle porte, dove trovò grandi quantitativi di rifornimenti e una forte resistenza da parte degli abitanti; tutta la campagna fu arsa e sottoposta a saccheggi durissimi. La frequenza delle azioni combinate della flotta sottile e delle truppe da sbarco conobbe un'impennata nella campagna del 1656, con la conquista di Lemnos e Tenedo di fronte ai Dardanelli e la devastazione di Volos, sulle coste occidentali dell'Egeo. Le operazioni furono dirette dal *generale dello sbarco* Alessandro Dal Borro e impressionarono i contemporanei per l'efficacia e la rapidità con le quali vennero condotte. La scomparsa del valente comandante toscano, deceduto per malattia a Corfù, non interruppe la sequenza degli sbarchi. Nel 1657 fu la volta di Svazichi, assalita dal luogotenente di Dal Borro, il conte Ossalco Polcenigo; poi nel 1658 nuovi sbarchi e saccheggi avvennero nell'Eubea, a Calamo (Kalimnos) e Samos sotto la direzione di Francesco Morosini; quindi un anno dopo fu la volta di Toroni nella penisola Calcidica, di Cesme in Anatolia, dove fu rasa al suolo la fortezza, e di Caselrosso (Kastelorizo), 90 miglia a est di Rodi, sbarco quest'ultimo portato a termine assieme alle galee maltesi. In tutte queste azioni l'apporto dell'*Armata sottile* fu determinante e dimostrò come le unità a remi, con il loro limitato pescaggio, assolvessero perfettamente ai compiti richiesti agendo come moderni mezzi da sbarco.

Ogni operazione anfibia era pianificata secondo criteri che tenevano conto dell'ampiezza dell'approdo,

◄ **Louis Victor de Rochechouart-Mortemart**, marchese e poi duca di Vivonne, fu l'ammiraglio a capo della squadra navale francese inviata a Creta nel 1669, nonché il fratello di madame de Montespan. Luigi XIV inviò a soccorso di Venezia un corpo di 5.000 uomini con 15 vascelli e 13 galee, ma l'imponente dispositivo messo in campo servì solo a rinviare di qualche mese l'epilogo del conflitto.

Louis-Victor de Rochechouart Mortemart, Marquis and later Duke of Vivonne, was the admiral in charge of the French fleet sent to Crete in 1669, and the Madame de Montespan's brother. The king of France sent to the relief of Venice a troops contingent of 5,000 men with 15 ships and 13 galleys, but the great device only served to delay for a few months the epilogue of the conflict.

▼ **Marinai e rematori turchi,** in un disegno del Codex Vindobonensis, realizzato per l'imperatore Rodolfo d'Asburgo negli ultimi anni del Cinquecento. Molti autori insistono nel dire che sulle galee ottomane i rematori fossero esclusivamente schiavi o prigionieri di guerra, e certamente i turchi ne impiegarono in numero maggiore rispetto ai loro avversari, tuttavia non fu irrilevante la presenza di volontari, equivalenti ai *buonavoglia* cristiani. Tenere sotto controllo una ciurma di riottosi rematori schiavi costituiva un rischio di non poco conto. Fra il 1667 e il 1668, infatti, i rematori di due galee *beylere* si ammutinarono, gettarono in mare ufficiali, marinai e soldati turchi e si consegnarono ai veneziani.

Turkish sailors and rowers, after a Codex Vindobonensis drawing, realized for the Emperor Rudolf of Habsburg in last years of 16th century. Many authors insist that in the Ottoman galleys rowers were only slaves or prisoners of war, and certainly the Turks employed them in greater numbers than their opponents, but it was not irrelevant the presence of volunteers, equivalent to Christian buonavoglia. To control an unruly crew of slaves oarsmen constituted a risk of not small account. Between 1667 and 1668, in fact, the rowers of two Turkish galleys mutinied, jumped into the sea officers, sailors and soldiers and gave themselves up to the Venetians.

nella distanza dell'obiettivo dalla spiaggia e naturalmente dalla forza delle difese avversarie. In un consiglio di guerra tenutosi il 30 luglio 1668, alla presenza dell'ammiraglio Rospigliosi, venne deciso l'assalto al forte di Santa Marina sull'isolotto di San Teodoro, situato poche miglia a nordest della Canea. Nel luglio del 1650 l'allora provveditore all'*Armata* Luigi Mocenigo aveva tolto San Teodoro ai turchi, da loro conquistata nel maggio del 1645 nella prima azione della guerra. I veneziani non erano rimasti a lungo sull'isolotto e prima di abbandonarlo avevano spianato le fortificazioni, ma i turchi vi erano tornati e dopo aver restaurato una parte delle difese avevano installato un presidio. Da quella posizione potevano segnalare al porto della Canea la presenza di legni nemici e per questo motivo gli alleati decisero di intervenire nuovamente. La consulta alleata fissò lo sbarco per il 3 agosto seguente e nelle accurate disposizioni dettate dal capitano generale Francesco Morosini si descrivono le modalità con le quali si svolgeva un'operazione anfibia. Giunte di fronte alla riva le galeazze si disponevano alle ali e al centro e con le galee veniva formato un arco che andava a coprire tutto lo spazio necessario a dispiegare le truppe da sbarco: "*tutti i battelli e le barche della flotta pontificia si porteranno sulla destra per sbarcarvi, in una volta, 250 soldati e saranno accompagnate, a scopo di protezione, dalle due galee rimaste di riserva.*
Lo stesso si farà alla sinistra con tutti i battelli e barche della flotta maltese sotto la protezione delle due rimanenti galee dell'Ordine, per mettere a terra 280 uomini delle loro truppe.
Vi si uniranno le due galee veneziane con battelli e barche per sbarcare ancora 300 soldati della Repubblica. Queste sei galee ora nominate non devono cooperare nel cannoneggiamento del nemico, ma soltanto proteggere lo sbarco delle truppe e, nel caso che il nemico facesse una sortita contro di esse, il loro reimbarco. Gli sbarchi dovranno farsi fuori del tiro del forte e in località che offrano spazio alle truppe

per disporsi in formazione d'attacco. Per il loro inizio sarà dato apposito segnale dalla galea di S. E. l'Ammiraglio Vincenzo Rospigliosi. Parimente le galeazze e le galee incaricate del bombardamento del nemico non apriranno il fuoco fino a che dalla Capitana pontificia non sia partito il primo colpo, e lo continueranno fino a quando le colonne d'attacco si saranno avvicinate al nemico, tanto da correre pericolo di essere offese dal nostro tiro.
Soltanto se la Capitana papale ricomincerà il tiro, potranno riprenderlo anche le altre navi. Non appena le truppe saranno a terra, di ciascun gruppo di Pontifici, Maltesi, Veneziani si formeranno due colonne d'assalto, che si porranno sotto il comando dei rispettivi ufficiali". Il documento proseguiva riportando altri interessanti dettagli, quali l'impiego di uno schermo di *cacciatori* davanti dalle colonne. Questa fanteria leggera avanzava in ordine sparso precedendo il corpo di battaglia *"non oltre mezzo tiro di moschetto"* e normalmente si affidava questo compito agli oltremarini; in quella occasione si impiegarono gli uomini del 'colonnello' Angelo Maria Vitali, un famoso corsaro entrato al servizio di Venezia. Tutta la fanteria doveva mettersi in marcia dopo un segnale, in quel caso una grande fiamma rossa al pennone dell'albero maestro della *Capitana* papale. Le istruzioni di Morosini si chiudevano con le indicazioni ai comandanti delle colonne degli obiettivi verso i quali dirigersi: *"Le fanterie muoveranno di conserva contro la fronte di terra dell'opera avversaria. Delle colonne destinate contro il lato sinistro, le veneziane precederanno e si arresteranno proprio davanti al centro della fronte di terra, mentre le maltesi, che le seguiranno, si schiereranno rimpetto al mezzo bastione di sinistra. Lo stesso faranno le colonne pontificie davanti al mezzo bastione di destra. Il colonnello veneziano Andrea Facile, al quale è affidata la direzione della operazione di terra, curerà che le colonne d'assalto prendano la giusta via senza esporsi nell'avanzata al fuoco nemico e, nello schierarsi in prossimità di esso, si tengano al coperto. Si tenterà allora con fuoco di moschetteria di costringere il nemico ad abbandonare il posto e, ove ciò riesca, un certo numero di guastatori avanzerà da ogni colonna fin alle cortine, farà lestamente uno scavo al loro piede, e con mine di 500 libbre di polvere cercherà di buttarle in aria. Un'ulteriore squadra speciale, composta di 10 uomini per ogni battaglione di pontifici, maltesi e veneziani, aventi spiccata capacità, e per metà granatieri e metà moschettieri, proteggerà il lavoro dei minatori gettando granate contro il vallo, dando a questo la scalata e facendo fuoco dalla sommità nell'interno dell'opera. Fatta la breccia, tre colonne, una per ogni gruppo di pontifici, maltesi, veneziani, si getteranno, coll'aiuto di*

▼ Assai più che sulle galee, i turchi impiegavano i prigionieri di guerra per i lavori forzati. In genere il trattamento riservato ai prigionieri era pessimo, specie se non si trattava di persone importanti in grado di pagare un riscatto. Nella primavera del 1668 i veneziani liberarono oltre un migliaio di prigionieri detenuti dai Barbareschi e li impiegarono *tout court* nella difesa di Candia.

Much more than on the galleys, the Turks employed prisoners of war for forced works. In general, the treatment of prisoners was bad, especially if it was not important people unable to pay a ransom. In the spring of 1668 the Venetians freed over a thousand prisoners held by the Northern African privateers, and took them for the defense of Candia.

Gefangene Chriften Wieman sie kleidt
Vnnd an die arbeitt phringtt

Dio, all'assalto, mentre le altre rimarranno ancora davanti all'opera ferme nelle loro posizioni, pronte a parare ad un eventuale rovescio; cosa che di solito accade quando i soldati, come d'abitudine, si danno anzi tempo al saccheggio. Sopratutto non si dovranno mettere le mani su cose che non siano armi e anche su queste solo per quel tanto che apparirà necessario per guadagnare onore e gloria in servizio dei Principi". Quello sbarco impegnò da parte alleata meno di 900 uomini in tutto e si risolse con un facile successo, considerato che i difensori avevano abbandonato l'isola prima dell'assalto; ma in occasione di sbarchi contro obiettivi più grandi si schierarono fino a 3.000 uomini, come avvenne a Tenedo e a Lemno, nel 1656 sotto Alessandro dal Borro, il quale disponeva di due reggimenti francesi, Labauda e Chevalier de Rosis, più altre compagnie autonome italiane, oltramontane e oltremarine. La tempestività delle azioni era alla base del successo, come del resto avevano chiaramente mostrato gli olandesi, ma quando le forze a disposizione erano in numero limitato, si cercava non solo di sfruttare l'elemento sorpresa, ma anche dissimulare la consistenza dei reparti: nel 1657, nel corso dell'assalto anfibio a Svazichi, il *Generale dello Sbarco* conte Ossalco di Polcenigo disponeva di soli 2.000 uomini, ma li schierò in modo tale da apparire in numero assai superiore e l'espediente sortì l'effetto desiderato, tanto che valse al comandante veneziano una speciale menzione del Senato. I veneziani divennero i maestri della guerra anfibia nel Mediterraneo, tanto che, fatta eccezione per lo sbarco del 1645, in confronto gli ottomani riuscirono portare a termine sbarchi di truppe solo operando da basi costiere prossime agli obiettivi, come avvenne a Grabusa e a Paleocastro nel 1646, e a Tenedo nel 1658. In tutte le altre operazioni anfibie, complice l'incapacità della flotta a garantire la protezione alle truppe, si registrarono solo fallimenti.

Meno spettacolari delle incursioni, ma ugualmente importanti per la conservazione della flotta, gli sbarchi avvennero in gran numero per il rifornimento d'acqua. Le cosiddette *acquate* presentavano sempre grandi difficoltà, senza contare che richiedevano molto tempo, mentre l'acqua trasportata finiva sempre dopo pochi giorni. Inoltre i rifornimenti rappresentavano una fonte di rischio non trascurabile quando avvenivano in prossimità di luoghi tenuti dal nemico. Per questo le provviste di acqua che l'armata veneziana e alleata eseguì a Creta nel luglio del 1668, furono costellate da scontri piuttosto cruenti che videro impegnate diverse centinaia di uomini. Il 14 luglio la squadra maltese e pontificia sostenne un violento combattimento nel quale caddero 20 soldati della scorta e due cavalieri di Malta. Sei giorni dopo si ebbe un nuovo scontro quando lo stesso comandante della flotta alleata, il *generalissimo* Vincenzo Rospigliosi, sbarcò nella baia di Kissamos colle proprie galee e un rinforzo di galee maltesi e veneziane. Pur schierando un cordone protettivo di quasi due *battaglioni* di truppa da sbarco, gli uomini di Rospigliosi dovettero combattere per quattro ore contro la fanteria e la cavalleria avversaria, fino a richiedere l'intervento delle galee che, ancorate a tiro di moschetto dalla spiaggia, cannoneggiarono gli avversari asserragliati in un vicino chiostro. Un combattimento ancora più drammatico avvenne sull'isola di Tenedo nell'agosto del 1657, quando sempre a seguito di un'acquata, i veneziani furono sorpresi dai turchi che avevano da poco sbarcato un corpo di truppe per riconquistare l'isola. Pur avendo sbarcato un contingente di 2.500 soldati, il generale dello sbarco, il conte di Polcenigo, sottovalutò il rischio derivante dalle colline vicine alla riva e soprattutto non schierò nei battaglioni alcun picchiere, ma solo moschettieri. L'improvviso assalto all'arma bianca di un manipolo di fanti di marina ottomani, appostati dietro le colline, causò il panico nella fanteria veneta che, scaricata una salva, *fuggì verso le galee, sotto la prua delle quali ne restarono uccisi da tre a quattrocento.*

Ma gli sbarchi potevano essere sfruttati non solo per le incursioni verso i porti nemici, ma come un mezzo per la conquista di obiettivi terrestri. Questa idea si fece strada abbastanza presto nelle consulte di guerra alleate, poiché rappresentava la naturale *escalation* delle tattiche di guerra anfibia così brillantemente intraprese dalle galee. L'idea era quella di preparare uno sbarco in forze per togliere ai turchi il controllo del maggiore scalo cretese, cioè La Canea, sigillando alla foce il flusso dei rifornimenti. Questo indirizzo fu avanzato per la prima volta nel 1658, dai generali Gremonville e Villanova durante una consulta alla presenza del capitano generale Francesco Morosini. Gli informatori a La Canea riferirono che la città era quasi sguarnita e così in primavera si iniziarono a raccogliere le truppe, impiegando la fanteria dell'Armata. Ma l'*intelligence* ottomana, da parte sua, informò dei piani nemici Catrezoglu Ali Pasha - che aveva sostituito Dely Hüseyn come comandante a Creta - e per quella volta l'opportunità sfumò. L'occasione si ripresentò nel 1660, quando cioè Venezia si trovò in possesso di una forza considerevole grazie al ritrovato sostegno della Santa Sede e il concorso del re di Francia; l'operazione sembrava coronata dai migliori auspici, perché proprio all'inizio di quell'anno

▲ L'abbigliamento cerimoniale dei giannizzeri comprendeva l'utilizzo di speciali ornamenti da applicare ai loro copricapo *ak börk*. Il modello in miniatura di una galea sul cappello di questo giannizzero lo identifica come appartenente alla orta 56, originariamente assegnata al presidio delle residenze sul Corno d'Oro. Ciò ha generato presso alcuni autori l'equivoco sull'esistenza di 'giannizzeri di marina', mentre in realtà qualsiasi unità di fanteria del *kapikulu* poteva essere impiegata a bordo delle navi, come ad esempio avvenne durante la quarta battaglia dei Dardanelli.

The Janissaries ceremonial dress comprised the use of special ornaments to be applied to their ak börk headgear. The miniature model of a galley identifies this soldier as belonging to the Janissary orta 56, originally assigned to the surveillance of the Golden Horn residences. This particularity created confusion among some authors, who speak about 'naval Janissaries', when in fact all the kapikulu infantrymen could be used on board ships, such as occurred during the Fourth Battle of the Dardanelles.

un disastroso incendio aveva quasi distrutto Galata e danneggiato seriamente l'arsenale turco.

Le operazioni anfibie su larga scala erano state introdotte con successo dagli olandesi nella guerra d'indipendenza contro la Spagna, durante la quale archiviarono una serie di spettacolari vittorie. L'esempio della repubblica dell'Europa settentrionale spingeva all'emulazione e confortava le convinzioni di chi a Venezia insisteva sulla necessità di colpire il nemico nelle sue basi marittime. Ma intraprendere uno sbarco di grandi dimensioni direttamente a Creta, per di più vicino a un'armata nemica, nascondeva molte insidie. In primo luogo gli olandesi operavano da basi ravvicinate e in grado di rifornire rapidamente i contingenti sbarcati; cosa che nell'arcipelago non sempre poteva avvenire perché, eccettuata Corfù, nessun'altra isola veneziana ospitava porti o depositi in grado di garantire un flusso di materiale di grandi proporzioni, senza poi contare che anche le altre isole venete nell'Egeo si trovavano distanti da Creta. Per questo sarebbe stato necessario potenziare alcuni porti come a Cerigo (Cithera), Tino oppure a Paros per realizzare una rete di collegamenti in grado sostenere lo sforzo logistico necessario alle forze anfibie. Ma ogni investimento in tal senso avrebbe richiesto molto tempo e somme enormi e in ogni caso, anche disponendo di basi attrezzate, tutto il necessario doveva essere trasportato in quel luoghi dalla Terraferma. Lanciare un'offensiva anfibia significava pertanto muoversi in un contesto assai meno favorevole di quello dei Paesi Bassi. Alcune azioni in grande stile tentate in passato contro obiettivi in territorio ottomano si erano conclusi con esiti disastrosi: lo sbarco degli spagnoli ad Algeri nel 1541 era fallito provocando la perdita di quasi 12.000 uomini e un gran numero di navi; più recentemente nel 1599 lo sbarco dei cavalieri toscani di Santo Stefano a Chios si era concluso con la cattura di tutta la soldatesca sbarcata. Questi e altri insuccessi erano ben vivi nella memoria e sufficienti a scoraggiare i più esitanti. Ad ogni modo nel 1660 Venezia intraprese con decisione il piano di scacciare i turchi da Creta con uno sbarco in forze raccogliendo contingenti numerosi, tali da rendere questa impresa molto più complessa di ogni altra precedente esperienza. Nell'estate del 1660 si concentrarono a Cerigo 11.200 fanti e 1.200 cavalli, sbarcati nel settembre seguente nei pressi della Canea. Sei anni dopo, nell'ultimo tentativo per togliere ai turchi i porti dell'isola, sbarcarono a Creta 8.295 soldati a piedi e 1.008 a cavallo. In entrambi i casi fu necessario schierare l'intera flotta, compresi gli ausiliari, per assicurare la protezione alle truppe che impiegarono un giorno intero a prendere terra e quindi far sbarcare i rifornimenti sulla spiaggia. I luoghi dove far scendere a terra gli uomini furono scelti accuratamente, scongiurando il rischio di trovare ad attenderli forti corpi ottomani. La flotta garantì costantemente la protezione durante lo sbarco e si misero a diposizione risorse considerevoli, tuttavia entrambi fallirono.

Nel 1660 si attribuì l'insuccesso a una serie di cause sfortunate, ma in sostanza l'esito fu sfavorevole a causa dei gravi errori strategici commessi dai veneziani. In primo luogo si perse troppo tempo per raccogliere le truppe destinate allo sbarco, attendendo quasi la fine dell'estate prima di dare l'assalto alla Canea; quindi la politica contribuì ad affossare l'impresa accettando l'ingerenza degli alleati nella designazione dei comandanti; infine si sottovalutò la capacità di resistenza degli ottomani, fra l'altro numericamente poco superiori agli avversari. Il comando generale fu affidato al giovanissimo - appena diciottenne - principe Almerigo d'Este, fratello del duca di Modena. Il principe era universalmente stimato come un militare brillante e colto che si era messo in luce combattendo con i francesi in Lombardia e in Piemonte, tuttavia la sua scarsa esperienza su quel teatro di guerra non era neanche compensata da luogotenenti all'altezza della situazione, perlopiù insediati ai vertici grazie all'appoggio della Francia o del papa. Fra gli ufficiali regnava una profonda diffidenza che rendeva difficoltosa la cooperazione fra i reparti. Questi comprendevano soldati reclutati in ogni angolo dell'Europa: francesi; tedeschi; corsi, assieme naturalmente a oltramarini e italiani dei domini di Terraferma; con loro modenesi, parmensi e piemontesi; infine fra gli ausiliari c'erano maltesi, toscani e pontifici. La campagna fu funestata dalle continue proteste dei soldati e dei loro ufficiali, culminate a Cerigo con il rifiuto di imbarcarsi se non fossero stati corrisposti in anticipo quattro mesi

▲ Per lo sbarco alla Canea del 1660 l'esercito alleato era composto per la metà da contingenti reclutati in Francia. Può apparire sorprendente che gli ufficiali francesi si siano recati su un teatro di guerra così inospitale con gli sfarzosi abiti alla moda in quegli anni. Questa illustrazione e' comunque molto interessante perché mostra una delle prime apparizioni del *justaucorp*, qui indossato su una veste che verosimilmente lascia intravedere la camicia e i calzoni abbelliti da fiocchi in gran copia. (Capitano francese, incisione di Sebastién Leclerc, ca 1660)

For the landing to Chania in 1660 the allied army was mainly composed of contingents recruited in France. It may be surprising that French officers have gone to such rugged theater of war with the fashionable dress of those years. This illustration is very interesting because it shows one of the first appearances of justaucorp, here probably worn on a garment that glimpse of the shirt and breeches adorned with bows in great abundance.

di paga. La questione fu composta solo dopo che da parte veneta si versarono due mesi di salario. L'armata si raccolse all'isola di Suda, poche miglia a est della Canea e da lì prese terra il 24 agosto sulla spiaggia fra il monastero di Caloiero e il forte di Calami. Da quelle postazioni i turchi bersagliarono le galee che si avvicinavano alla riva; i cavalieri maltesi presero terra per primi, avendo ottenuto il privilegio di prendere posto all'avanguardia, e assalirono alla testa del loro battaglione le batterie turche appostate a Santa Veneranda, davanti a Suda, seguiti dai pontifici e dai cavalieri di Santo Stefano. L'azione fu breve, ma cruenta e costò la vita al vicecomandante maltese, il cavaliere Grimaldi, mentre il *generale* delle truppe da sbarco, il marchese di Correa, rimase ferito a un piede. Anche i turchi persero il loro comandante, Hasan Pasha, e tutti e 12 i cannoni, trasportati trionfalmente alle navi. Il successo ottenuto non rasserenò il clima e qualche contrarietà sorse fra gli alleati, tanto che il contingente maltese, dichiarando polemicamente di essere rimasto privo dei suoi capi, fece immediato ritorno a Suda e non partecipò ad alcuna azione per quasi due settimane. Altri combattimenti avvennero nei giorni successivi per la conquista dei forti ottomani attorno alla Canea. L'azione congiunta delle galee e delle truppe da sbarco piegò in breve tempo la resistenza ottomana a Caloiero, Apicorno e Calami, permettendo agli alleati di disporre di una testa di ponte sufficientemente ampia. La notizia dello sbarco era nel frattempo pervenuta anche al comandante ottomano, Catrezoglu Ali, che si trovava nel campo fortificato di Yeni Kandie, inducendolo a inviare manipoli di cavalleria in ricognizione e mobilitando il presidio di Retimo. Le informazioni raccolte dai veneziani stimavano che gli ottomani disponevano dentro La Canea non più di 2.000 soldati, ai quali se ne erano aggiunti altri 500 fuggiti dai forti conquistati. Il piano alleato prevedeva che una volta preso terra si sarebbe dovuto mettere in armi la popolazione delle campagne e impiegarla a presidio delle vie di comunicazione fra La Canea e le altre guarnigioni ottomane, in modo da assicurarsi le spalle prima di iniziare l'assedio della città. Per raccogliere e organizzare questa milizia trascorse però altro tempo prezioso e il risultato fu inferiore alle aspettative, visto che fino al 6 di settembre si erano messi insieme non più di 1.800 uomini. Il viaggio in mare aveva nuociuto molto ai cavalli, che iniziarono a morire in gran numero a causa del clima e del foraggio inadatto. Il capitano generale Francesco Morosini scese a terra per rendersi personalmente conto dell'andamento delle operazioni e per incontrare il principe Almerigo, accampato presso il villaggio di Cicalaria, dove si trovava ammalato. A quel punto il comandante veneziano poté constatare lo stato di confusione generale in cui si trovava il corpo da sbarco; apprese dei tumulti sorti fra i soldati che chiedevano sempre nuovo denaro; fu informato sulla indisponibilità del contingente francese, il quale - privo di cavalli per gli ufficiali e per il bagaglio - si trovava ancora sulla spiaggia, dichiarando di non poter marciare. Fra gli ufficiali subalterni regnava la discordia, mentre assieme al principe Almerigo anche il sieur De Bas era febbricitante ed era rientrato a Suda lasciando la direzione allo *Chevalier* de Gremonville, soldato pochissimo stimato da Morosini. Giorni prima era caduto in combattimento il comandate della cavalleria, il marchese de Garenne, un abile ufficiale la cui mancanza si sarebbe fatta sentire. A peggiorare la situazione contribuì l'incendio accidentale dei depositi del biscotto e l'arrivo inaspettato degli ottomani, che in numero di 6.000 a piedi e a cavallo erano riusciti a superare senza contrasto il passo di Malaxi, guardato da 600 miliziani agli ordini del colonnello dei corsi Aldrovandi, i cui uomini avevano lasciato i posti assegnati per andare a saccheggiare i dintorni. Gli ottomani si avvicinarono lentamente al campo di Cicalaria senza procedere all'assalto e questa prudenza fu provvidenziale per gli alleati, poiché la maggior parte dei reparti si dette alla fuga pensando solo a salvare il bottino raccolto; contemporaneamente dalla Canea una sortita sorprese la fanteria francese, che perse nello scontro 150 uomini. I veneziani ristabilirono la situazione grazie all'intervento del battaglione maltese e della fanteria delle galee, la quale sotto Nicolò Zane impegnò le avanguardie turche e infine respinse l'assalto avversario dopo una battaglia durata sette ore. La consulta di guerra tenutasi il giorno dopo valutò come ormai sfumata l'opzione di un regolare assedio alla Canea e diede ordine di imbarcare le truppe per un assalto al campo fortificato turco davanti a Candia. Era ragionevole secondo gli alleati aspettarsi che Yeni Kandie si trovasse a quel punto sguarnita, per cui assieme ai difensori della guarnigione assediata sarebbe stato facile sconfiggere gli avversari, liberare la capitale e magari tutto il territorio orientale fino a Sitia. In sole quarantotto ore tutta la truppa da sbarco risalì sulle navi e si diresse verso Candia, dove sbarcò alle spalle del campo nemico il 12 settembre. Il principe Almerico era ancora in precarie condizioni di saluti e in effetti le operazioni di sbarco furono dirette dal De Bas e dall'aiutante del principe, il conte di Mileto. Il morale non doveva essere molto alto, come si intuisce dalle narrazioni degli storici veneziani: *succeduti diversi disordini a causa d'alcuni comandanti, o mal pratichi, o troppo maliziosi, subito che si vide la faccia de' Turchi fu proposta la ritirata in Candia.* Malgrado ciò le truppe si disposero all'assalto e con l'appoggio della flotta e di una batteria di 8 cannoni superarono facilmente le prime difese nemiche. Nella sua *Historia* della guerra di Candia Girolamo Brusoni racconta così l'epilogo di quella giornata: *non v'era dubbio che Candia Nuova sarebbe caduta (…) quando l'avidità di pochi Officiali e Soldati non avesse con loro eterna infamia cangiato in una funestissima perdita così gloriosa Vittoria.* Non incontrando quasi resistenza, le truppe alleate si misero a saccheggiare le postazioni e i villaggi abbandonati dai turchi. Vedendo uscire i primi soldati carichi di bottino, quasi tutti i reparti si sbandarono e si precipitarono a loro volta a saccheggiare ogni casolare. A quel punto la narrazione diventa confusa e la dinamica degli eventi non è chiara, tuttavia pare che una voce incontrollata su un contrattacco nemico si diffondesse fra le truppe provocandone la fuga. Vedendo gli avversari che fuggivano verso le navi, gli ottomani presero coraggio e attaccarono la massa disordinata degli alleati, catturandone più di un migliaio e uccidendone altrettanti. Invano il principe Almerigo e il capitano generale cercarono con le truppe di riserva di arrestare i fuggitivi; il giovane principe, tremante di febbre, scese da cavallo per appoggiarsi a un albero sentendosi venire meno e scomparve così alla vista degli altri ufficiali, che si affannarono a cercarlo rendendo ancora più confusa la situazione. Lo sfortunato principe d'Este morì poche settimane dopo a Paros, aggravando ulteriormente il dolore per l'insuccesso dello sbarco, mentre fra Venezia e Parigi i diplomatici sfogavano la frustrazione accusandosi reciprocamente, oppure, per dirla con le parole dello storico Pietro Diedo: *si procurava di far conoscere che l'infelice successo era seguito più per difetto di direzione, che di forze, che i Turchi erano superabili, mentre non ostante la mancanza de' Capi, se i nostri non si fossero disordinati per bottinare, gli haverebbero interamente disfatti.*

Il tentativo di riprendere Candia con uno sbarco fu ripetuto sei anni dopo, affidandosi stavolta a truppe e ufficiali più affidabili, sottoposti a un intenso addestramento preventivo. Il comando delle operazioni fu assunto dal marchese Francesco Villa de Ghiron, capitano sperimentato e autorevole messo disposizione dal duca di Savoia, e soprattutto si iniziarono i preparativi per tempo, raccogliendo uomini e materiali già a partire dal dicembre del 1665. L'armata era composta da truppe italiane e oltremarine, cui si aggiunsero *le nuove levate* eseguite in Germania e in Svizzera. Si curò molto anche la cavalleria, trasportando in anticipo i cavalli prima a Zante e quindi a Paros, in modo da acclimatarli ed evitare la moria che aveva afflitto gli alleati sei anni prima. Nell'ultima rassegna si contavano 858 uomini fra *corazze* e *cappelletti*, e 150 dragoni. I venti contrari ritardarono la partenza della flotta, quindi si raggiunse l'isola di Suda e infine il 26 febbraio si sbarcarono le truppe nelle vicinanze della Canea. Il piano era stato discusso a lungo e alla fine si era accantonata la proposta di assalire preventivamente il campo di Yeni Kandie, che avrebbe richiesto forze considerevoli, mentre la guarnigione dentro Candia si trovava drasticamente ridotta a causa dell'epidemia di peste abbattutasi in città e considerando improbabile l'aiuto della popolazione locale, abbandonata a se stessa sei anni prima. Le operazioni di sbarco si svolsero con rapidità e nel giro di un giorno le truppe avevano preso posizione attorno alla Canea senza incontrare resistenza. Le vicende presero una piega indesiderata ai primi di marzo, quando male interpretando un ordine del Villa, il *sergente generale* Wertmüller guidò una ricognizione di cavalleria entrando in contatto con i sipahy avversari. L'inesperienza risultò fatale alla cavalleria veneta, la quale si lanciò all'inseguimento dei turchi, ma spintasi troppo lontano fu circondata e assalita dalla cavalleria e dalla fanteria avversarie, uscite dalla città per mettere a segno il più classico dei tranelli. I veneziani persero in quello scontro 300 uomini. Quel fatto d'armi incrinò i rapporti fra il Villa e i suoi ufficiali, che in numero crescente insistevano per togliere l'assedio alla Canea e assalire i turchi che assediavano la capitale. Il 5 marzo, otto giorni dopo lo sbarco, una parte delle truppe tornò alle navi e si diresse a Candia, dove giunse il 10 marzo e infine fu raggiunto dal resto del contingente alla metà di aprile. Il marchese Villa fece realizzare un campo fortificato fra il fiume Gioffiro e Yeni Kandie, poi il 19 di aprile, dopo aver riorganizzato le truppe, ridotte adesso a 7.000 fanti e 650 cavalieri, guidò un infruttuoso assalto al campo fortificato degli assedianti, che si concluse dopo un giorno intero di combattimento. Turchi e alleati rimasero asserragliati nelle loro posizioni per oltre un mese, finché il primo giugno fu ordinata la ritirata e con essa si chiuse l'ultimo tentativo per scacciare i turchi da Creta.

◄ **Un abbozzo di Jacques Courtois**, noto in Italia come il Borgognone (1621-76), per uno dei suoi innumerevoli dipinti di battaglie. Nelle linee essenziali, il personaggio raffigurato in questo disegno a china, mostra le caratteristiche dell'abbigliamento degli ufficiali europei degli anni '60 del XVII secolo. Notare lo spuntone e il largo budriere decorato.

A sketch of Jacques Courtois, active in Italy and known as il Borgognone (1621-76). In the essential lines the subject in foreground shows the typical officers dress of the 17th century sixties years. Note the spontoon and the wide decorated bandolier.

APPENDICE 1: TECNOLOGIA DELLA GUERRA: ARMAMENTI E GUERRA CHIMICO-BATTERIOLOGICA A CANDIA

Se nella guerra navale e in quella d'assedio i venticinque anni di conflitto apportarono grandi miglioramenti e trasformazioni, a uno sguardo sommario il progresso tecnologico degli armamenti della fanteria e della cavalleria appare al contrario quasi inesistente. In effetti l'equipaggiamento dei combattenti non registrò modifiche sostanziali e dai primi anni di guerra i cambiamenti avvenuti furono dettati più dai cambiamenti della moda che dalle esigenze del combattimento. La fanteria dei veneziani e quella dei loro alleati continuò a portare le ingombranti bandoliere portamunizioni e i budrieri a tracolla, pur limitandone il più possibile l'uso nei combattimenti sottoterra, ma a giudicare dalle fonti non si verificarono veri e propri trasformazioni come quelli dei successivi anni Settanta, quando le mutate condizioni dei conflitti spinsero a un drastico riassetto dell'equipaggiamento della fanteria, con l'introduzione della cintura per la spada, della giberna per le munizioni e l'aumento della moschetteria rispetto alle picche. Se lo scarso impiego di truppe a cavallo da parte dei veneziani inibì l'evoluzione dell'equipaggiamento della cavalleria, nella fanteria furono altri i fattori che determinarono questo immobilismo.

Prima di tutto c'erano le condizioni economiche che scoraggiavano la riconfigurazione degli equipaggiamenti; poi si aggiungeva l'eterogeneità dei contingenti provenienti da tutta Europa, che tendevano per ovvie ragioni a conservare le loro dotazioni standard. Esisteva poi la necessità da parte veneta di impiegare le truppe di terra su molteplici fronti, tanto per presidiare le fortezze che come truppa da sbarco e perciò l'ampia varietà degli scenari spinse a non sperimentare troppe modifiche. Se però osserviamo questo fenomeno sotto un'altra luce ci accorgiamo che l'apparente mancanza di sviluppo dell'armamento individuale fu, al contrario, un adeguamento contingente a una realtà di guerra che, come sostennero tutti quelli che vi parteciparono, fu completamente diversa da ogni altra esperienza nota.

Gli ultimi tre anni di guerra assorbirono la maggior parte delle risorse veneziane nella difesa della capitale, dove ogni anno confluirono migliaia di combattenti e davanti alla quale anche la flotta finì per trasformarsi in un sostegno alla resistenza. Il conflitto si trasformò in una terrificante guerra di posizione e di logoramento, nella quale certe tattiche messe a punto dai combattenti non erano troppo diverse da quelle delle trincee della Grande Guerra. L'uso della picca e delle altre armi d'asta nella guerra d'assedio, se viste nella prospettiva di uno scontro ravvicinato, appaiono meno anacronistiche di quanto si pensi. Il fatto che a Creta nessuno abbia pensato di introdurre la baionetta diventa più comprensibile se teniamo conto che nei combattimenti ravvicinati sono più utili spade e altre armi bianche individuali, come del resto sperimentarono anche i fanti della prima guerra mondiale. La presenza di picche, brandistocchi e corsesche da parte dei difensori fu la logica risposta alla realtà della guerra di trincea, e comunque il rapporto picche/moschetti era molto a favore dei secondi nella fanteria veneta già all'inizio del conflitto. Anche i turchi, che non usavano armi d'asta, utilizzavano una gran quantità di armi bianche e si trovarono

▲ I veneziani applicarono sistematicamente la tattica degli sbarchi per assalti diretti contro porti e altri luoghi di interesse strategico, già molto prima della mutazione di indirizzo strategico operata da Francesco Morosini nel 1658. L'assalto veneziano a Stanchio (od. Kos), venne eseguito nel 1651 sotto Lunardo Foscolo e fece seguito ad azioni analoghe effettuate contro Samos e Leros. Gli assalitori incendiarono il borgo e affondarono otto navi cariche di rifornimenti, ma non riuscirono a espugnare la fortezza.

The Venetian fleet constantly applied tactics of direct landing on ports and enemy strongholds long before the change of strategy devised by Francesco Morosini in 1658. The Venetian assault on Stanchio (Kos) took place in 1651 under the command of Lunardo Foscolo and followed similar actions against Samos and Leros. The intruders destroyed the town and sunk eight transports destined to Crete, but failed to seize the fortress.

sostanzialmente già equipaggiati per quel tipo di combattimento.

Un altro aspetto della brutale modernità della guerra di Candia consiste nell'introduzione delle armi chimiche e batteriologiche da parte di entrambi i contendenti. L'avvelenamento dei pozzi e i tentativi di diffondere epidemie fra gli avversari era una pratica diffusa già nel Medioevo, ma con la guerra del 1645-69 si assistette a una vero e proprio approccio scientifico nella messa a punto di queste nuove armi. Probabilmente furono per primi i veneziani a ricorrere a questi espedienti, ispirati dalle notizie delle unzioni vere o presunte della grande peste del 1630-31. Nei primi anni di guerra Lunardo Foscolo, provveditore generale in Dalmazia, prese contatti con il *medico Michiel Angelo Salomone* per farsi preparare *un liquore scaturito da fieli, buboni et carbone d'appestati con altri ingredienti*, per infettare cappelli e altri indumenti da lasciare in territorio nemico. La guerra chimica fu praticata soprattutto nel corso degli assedi e ancora una volta è Lunardo Foscolo nel 1646 a sollecitare il governo a inviargli 1.000 libbre di arsenico per avvelenare l'acqua dei nemici che assediavano Novegradi. Nel 1660 fu la volta di Francesco Morosini a ricevere *tossici* da diffondere con appositi spruzzatori sui prati pascolati dai cavalli turchi.

APPENDICE 2: PRIGIONIERI DI GUERRA.

Con tutto il suo corollario di lutti e distruzioni, la lunga guerra di Candia fu un punto di passaggio per due culture che da tempo si erano compenetrate, ancora prima di scontrarsi. Il conflitto raggiunse un'intensità mai registrata fino allora, costellato da innumerevoli episodi di brutalità commessi da entrambe le parti, come l'eccidio dei difensori di Grabusa da parte ottomana, o lo spietato trattamento riservato dai cavalieri di Malta ai prigionieri turchi dopo lo scontro di Standia. In questo contesto può sembrare strano apprendere che le relazioni commerciali fra gli stati coinvolti nella guerra non si interruppero mai del tutto. Questo tipo di rapporti servì a tenere aperto quel canale diplomatico attraverso il quale negli anni si provò a trovare un accordo per comporre la lotta in corso. Altrettanto importanti, i contatti fra la Laguna e il Bosforo servirono a gestire le questioni relative ai prigionieri di guerra. Tanto i veneziani che gli ottomani riconoscevano il diritto di riscatto dei prigionieri a coloro che li avevano catturati. La possibilità di ricavare guadagni attraverso questi negozi fu una pratica che i veneziani, al pari dei turchi, esercitarono senza interruzioni, lasciando interessanti notizie sulla vita e le condizioni di chi finiva in catene a Venezia oppure a Istanbul. Le informazioni sulla sorte dei prigionieri possono essere ricostruite attraverso dati indiretti, come le tante relazioni riguardo la liberazione di schiavi da parte di veneziani, maltesi e altri corsari cristiani; in altri casi le notizie sulle esperienze vissute dai prigionieri sono raccontate da loro stessi, attraverso le lettere inviate per sollecitare il pagamento del riscatto o semplicemente per informare i parenti che si era vivi. Una preziosa e toccante testimonianza riguardante la prigionia di guerra venne scoperta molti anni fa dallo storico dell'Impero Ottomano Alessio Bombaci e raccolta in una edizione curata da Maria Pia Pedani alla metà degli anni '90. Alcuni fra i 'Documenti Turchi' esaminati risalgono proprio agli anni della guerra di Candia e svelano un mondo a dir poco sorprendente. Una di queste lettere porta la data aprile 1647 e fu scritta da un anonimo prigioniero turco, probabilmente un personaggio importante di una *ösur* bosniaca, catturato durante le campagne di Lunardo Foscolo in Dalmazia, come si intuisce da alcuni dettagli citati nella corrispondenza. Lo scrivente informava i parenti che era stato catturato assieme ad altri quindici suoi compagni e che era arrivato a Venezia nel febbraio di quell'anno; nove prigionieri erano rimasti in città, mentre egli con altri quattro era stato portato a Verona. Informava che due suoi compagni: *il vecchio Mosinaoglu e suo fratello Ömer* erano deceduti; quindi aggiungeva che quello che probabilmente doveva essere il suo comandante, Halil Beg di Vrana, era stato catturato e si trovava a Brescia; ma nonostante tutto si consolava della sua condizione: *A Verona ci hanno tolto i ferri e ci hanno messi in una grande stanza, ci hanno dato un materasso e una coltre e veniamo nutriti bene*. Alcune delle parti più interessanti della lettera mostrano i rapporti fra i detenuti e i loro carcerieri: *ci hanno rimproverati perché da parte turca i prigionieri sono battuti ogni giorno e mal nutriti*, e per questo raccomandava che ciò non avvenisse più; quindi passava alla questione certamente più importante per lui: *ho saputo che avete comprato uno schiavo di nome Petron per 100 piastre per scambiami con lui*. Nelle lettere successive si apprende che lo scambio non era stato possibile, poiché il prigioniero veneto non possedeva grandi mezzi e pertanto lo scrivente raccomandava di procurarsi un certo *Ivan schiavo a Livno*, poiché questi aveva un amico potente, cioè il governatore Posedarje, uomo molto influente a Zara e *che lo cederebbero per 300 piastre*. Nelle ultime righe informava che molti amici a Venezia avevano cercato di ottenere la sua libertà, ma il suo carceriere non lo aveva finora consentito.

LE TAVOLE - THE PLATES

TAVOLA A: *L'ARMATA DA MAR*, 1649-60

1: *Nobile di galea*. Quasi ogni nobile veneziano svolgeva un apprendistato a bordo delle navi e in genere questo poteva iniziare anche molto presto, per concludersi con l'ottenimento di un incarico da ufficiale oppure col definitivo congedo. Con questo semplice metodo Venezia fu in grado di disporre di un buon numero di comandanti motivati ed esperti. Altre volte accadeva che i patrizi condannati al bando ottenessero di commutare la pena servendo in Armata come *uomini di spada* per un determinato periodo. Il nobile raffigurato proviene da un ritratto datato 1649 di un anonimo aristocratico e mostra i caratteri tipici dell'abbigliamento dei nobili della laguna, mutuato dal severo stile in auge nei Paesi Bassi, espressione di quella classe borghese mercantilista con la quale il ceto dirigente veneziano aveva stabilito un forte legame fin dal secolo precedente.

2: *Scapolo*, soldato oltramarino Il termine oltramarino serviva originariamente a designare solo i sudditi delle isole greche, ma col tempo comprese anche tutte le popolazioni soggette a Venezia residenti sulla sponda orientale dell'Adriatico e fra queste gli *Schiavoni* della Dalmazia e dell'immediato entroterra croato fornirono un rilevante numero di soldati impiegati come truppa imbarcata. (Ricostruzione da un disegno di Luca Carlevaris, 1663?-1730; Biblioteca Marciana, Venezia; moschetto bresciano della metà del XVII secolo, Armeria di Palazzo Ducale, Venezia, *schiavona* veneta, 1625-49, Museo Morando Bolognini, Sant'Angelo Lodigiano, Lodi)

3: Marinaio greco (Ricostruzione da una figura ricamata su un cuscino nuziale, fine XVII secolo, Museo Benaki, Atene)

4: Marinaio francese (*Matelot* 1660, da A.Guichon, Hardes et Uniformes de Matelots de Louis XIV a nos jours, Paris, 1937)

5: Marinaio olandese, seconda metà XVII secolo (Figura composita da un dipinto di Willem van de Welde il giovane,1633-1707; Museo Boijmans van Beuningen, Rotterdam) Il noleggio di vascelli dell'Europa settentrionale fece aumentare considerevolmente la presenza di marinai stranieri nella flotta veneziana, tradizionalmente composta da sudditi della Serenissima. Assieme ai veneziani veri e propri, fu numerosa anche la componente greca delle *Tre Isole*, ovvero dell'arcipelago di Cefalonia, Corfù e Zante.

PLATE A: L'ARMATA DA MAR, 1649-60

*1: **Galley nobleman.** Nearly every young Venetian noble was required for an apprenticeship aboard ships and in general this duty could start very soon, ending after a commission as officer or finally dismissed. With this simple method Venice was always able to have a good number of motivated and experienced commanders. In other occasion happened that sentenced nobleman could commute the sentence taking service in the navy for a specified period as volunteer. This noble appears depicted in an anonymous aristocrat portrait dated 1649 and shows the typical dress of the Lagoon nobles, derived from the severe Dutch style worn by the merchants middle class, with which the Venetian aristocrats had established close contacts since the previous century.*

*2: **Scapolo; Oltremarine soldier.** Although in Venice the term ultramarine originally designated only the Greek islanders subjects, later included all residents on the eastern shore of Adriatic and among these Dalmatian Schiavoni, with other natives from the immediate hinterland of Croatia, provided a large number of soldiers employed as embarked troops. (Reconstruction after a drawing of Luca Carlevarijs, 1663?-1730, Marciana Library, Venice; half 17th century musket, Brescia manufactory, Palazzo Ducale Armoury, Venice, Venetian schiavona, 1625-49, Morando Bolognini Museum, Sant'Angelo Lodigiano, Lodi)*

*3: **Greek sailor** (Reconstruction after a embroidered figure on a bridal cushion, end 17th century, Benaki Museum, Athens)*

▶ **Prigioniero di guerra turco**; scuola ottomana, inizi del XVIII secolo.
Turkish war prisoner; Ottoman school, early 18th century.

▶▶ Le qualità difensive dei vascelli vennero messe in risalto nelle acque di Negroponte dell'Eubea (od. Chalkis), il 27 gennaio 1647, quando si affrontarono una sola unità a vela comandata dal capitano delle navi Tommaso Morosini e quarantasei galee ottomane. Anche se isolato e circondato dagli avversari, il vascello veneziano si difese strenuamente per ore, permettendo l'arrivo delle altre unità a vela che riuscirono a salvarlo. In quell'azione perse la vita Tommaso Morosini.

The defensive quality of vessels became evident in the Negroponte waters (Chalkis), on January 27th of the year 1647, when a single ship, led by the Venetian vessel commander Tommaso Morosini, bested forty-six Ottoman galleys. The Venetian ship, although surrounded and isolated by the opponent, fought strenuously for hours allowing the arrival of reinforcements to its rescue, but losing Morosini's life in action.

4: *French, sailor* (Matelot 1660, after A.Guichon, Hardes et Uniformes de Matelots de Louis XIV a nos jours, Paris, 1937)

5: *Dutch sailor* (Composite figure after a painting of Willem van de Welde the younger, 1633-1707; Boijmans van Beuningen Museum, Rotterdam) The rental of ships in northern Europe significantly increased the presence of foreign sailors in the Venetian fleet, traditionally composed by local seamen. Together Venetians themselves, were significantly represented sailors from the Greek islands from Kefalonia, Corfu and Zakynthos archipelago.

TAVOLA B: I DARDANELLI, 1652-57

1: *Sopracomito* (Corsaletto dal ritratto di Jacopo Vitturi, ca. 1650; taschetto italiano, inizi del XVII secolo, Museo Stibbert, Firenze)

2: *Bombardiere*, **sottufficiale d'artiglieria** (Ricostruzione da Pietro Paulo Floriani, *Difesa et Offesa delle Piazze*; Venezia, 1655)

3: *Marinaio veneziano* (Gli abiti de' veneziani, di quasi ogni età con diligenza raccolti, e dipinti da Giovanni Grevenbroch; Venezia, 1757)

4: *Moschettiere nazionale italiano* (Ricostruzione da Grevenbroch e altre fonti coeve) Alla metà del XVII secolo sulle navi veneziane non esisteva il concetto di uniforme modernamente inteso, tuttavia si utilizzavano alcune particolarità per le occasioni solenni, in modo da offrire un immagine ordinata e decorosa dell'equipaggio. In quelle occasioni anche i rematori erano tenuti a indossare una speciale uniforme, composta da un *guardacuore* e un cappelletto di *rasa* rossa, *braghesse* di tela da vele, scarpe e calze di panno e una *gambetta* di mussolina per la gamba coi ferri.

PLATE B: THE DARDANELLES, 1652-57:

Sopracomito, or galley commander (Armor after Jacopo Vitturi's portrait, ca. 1650; Italian taschetto helmet, beginning 17th century, Stibbert Museum, Florence)

2: bombardiere, galley artillery NCO (After Pietro Paulo Floriani, Difesa et Offesa delle Piazze; Venice, 1655)

3: *Venetian sailor* (Gli abiti de' veneziani, di quasi ogni età con diligenza raccolti, e dipinti da Giovanni Grevenbroch; Venice, 1757)

4: *Italian musketeer* (Reconstruction after Grevenbroch and other contemporary sources) In the middle of the 17th century in the Venetian fleet there was no concept of uniform in modern sense, however, some peculiarities were used for ceremonial occasions, so as to provide an orderly and dignified image of the crew. On those occasions, the rowers were also required to wear a special uniform, consisting in red canvass coat and cap, sailcloth breeches, shoes, socks and a muslin quilting to the chained leg.

TAVOLA C: FANTERIA DA SBARCO, 1655-57

1: *Generale dello Sbarco* **Alessandro Del Borro** (Dal ritratto di Del Borro di Jacob Jordaens, collezione privata, Arezzo)

2: moschettiere

3: picchiere (Figura composita da alcuni particolari dell'affresco dello sbarco a Volos, appartenente al ciclo sulle imprese di Francesco Morosini, Muso Correr, Venezia)

4: tamburo

5: sottufficiale Le truppe raffigurate appartengono probabilmente a un reggimento *italiano* assegnato alla flotta di Lazzaro Mocenigo per la campagna del 1657, culminata nella quarta battaglia dei Dardanelli, ma preceduta il 15 maggio dallo sbarco sulle coste dell'Anatolia. Per quanto approssimativa questa fonte rappresenta una delle prime testimonianze uniformologiche di un esercito italiano preunitario. (Da un dipinto di anonimo raffigurante lo sbarco a Svazichi nel 1657, castello di Polcenigo, Pordenone)

PLATE C: MARINE INFANTRY, 1655-57

1: *Generale dello Sbarco Alessandro Del Borro*
(After Del Borro's portrait by Jacob Jordaens, private collection, Arezzo)

2: Musketeer

3: Pikeman *(Composite figure after particulars depicted in the landing at Volos from the cycle of frescoes on Francesco Morosini's enterprises, Correr Museum, Venice)*

4: Tambour

5: NCO *The troops depicted belong possibly to an Italian regiment assigned to Lazzaro Mocenigo's fleet for the 1657 campaign, culminating in the fourth battle of the Dardanelles, but preceded in May 15th by the landing in the coast of Anatolia. Although approximately, this source allow us to know one of the first Italian military uniform. (Reconstruction after a painting illustrating the landing af Svazichi, 1657; Polcenigo castle, Pordenone)*

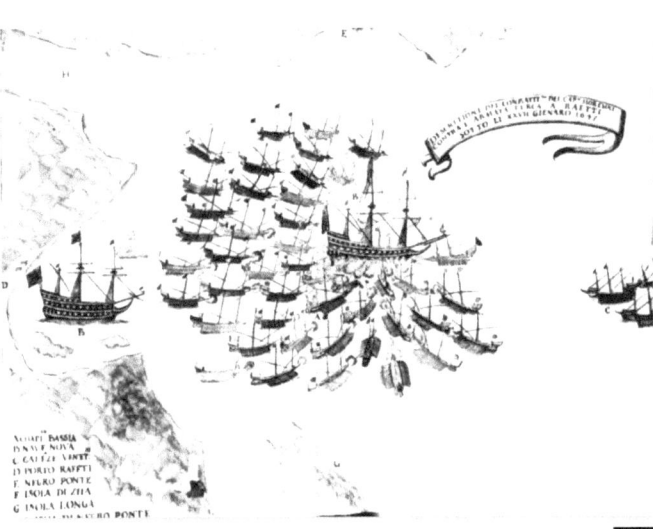

TAVOLA D: DOPPIO SBARCO ALLA CANEA; 1660 E 1666
1: ufficiale di fanteria francese (Ricostruzione da un'incisione del 1660 di Sébastien Leclerc, Bibliotéque Nationale, Parigi)
2: picchiere di un reggimento di fanteria *oltramontano* (Ricostruzione da un dipinto datato 1659 di Gerard Ter Borch)
Nei due tentativi effettuati per togliere ai turchi La Canea nell'agosto 1660 e nel febbraio di sei anni dopo, i veneziani ricorsero a tutto il loro composito repertorio di alleati e mercenari. La presenza di truppe di diversa provenienza costituì un problema organizzativo di non poco conto, considerato che l'omogeneità di armamento ed equipaggiamento rimase quasi inesistente fra un reparto e l'altro. Nel 1666, a titolo di esempio, i soldati del *battaglione da sbarco* toscano in Dalmazia ricevettero picche lunghe tre metri e mezzo e moschetti in parte ancora con la forcella, assieme ad altri più leggeri *ad archibuso*.
3: cavaliere dell'ordine di Santo Stefano (Da un ritratto coevo, ca. 1660, collezione privata; Cortona)
4: moschettiere di un reggimento di fanteria del duca di Savoia, 1666 le fonti iconografiche relative alla fanteria del duca di Savoia mostrano per equipaggiamento e abbigliamento un forte influsso francese, che portò proprio in quegli anni all'adozione di una moderna uniforme contraddistinta da un giustacorpo con risvolti alle maniche. I veterani sopravvissuti del contingente inviato a Creta da Carlo Emanuele III dal 1660 formarono alla fine della guerra una compagnia del reggimento delle guardie. (ricostruzione da Domenico Guerrini, *La Brigata Granatieri di Sardegna*, Torino 1902 e A.M. Mallet, *Les travaux de Mars ou l'Art de la Guerre*, 1671)
5: moschettiere di un reggimento di fanteria del papa; ca. 1666 Fra il 1660 e il 1666 avvenne un sensibile cambiamento nella moda maschile con la diffusione dei nuovi canoni provenienti dai Paesi Bassi e dalla Francia, per cui convissero per alcuni anni stili differenti, soprattutto in Italia in ambito militare. Questo moschettiere papale proviene da una stampa bolognese datata 1700, nella quale tutti i soldati indossano capi di abbigliamento decisamente obsoleti rispetto al resto delle figure presenti. (*Entrata Solenne dell'Ill.mo Sig. Confaloniere di Giustizia in Bologna*, incisione di Giuseppe Maria Mitelli, Anne S. K. Browne Collection, Rhode Island USA.)

PLATE D: DOUBLE LANDING AT LA CANEA; 1660 AND 1666
__1: French infantry officer__ (Reconstruction after an 1660 engraving by Sébastien Leclerc, Bibliotéque Nationale, Paris)
__2: Pikeman of an oltramontano infantry regiment__ During the two attempts to expel the Turks from Chania, in August 1660 and in February 1666, the Venetians resorted to their full repertoire of composite allies and mercenaries. The presence of different corps of troops caused serious organizational problems, because armament and equipment homogeneity was never obtained among the contingents. In 1666, for example, the Tuscan marine battalion in Dalmatia received pikes twelve feet long, muskets with forks and other lighter matchlock. (Reconstruction after a 1659 painting by Gerard Ter Borch)
__3: Knight of Santo Stefano order__ (After an anonymous contemporary portrait, ca. 1660; private collection, Cortona)
__4: Musketeer of a duke of Savoy's infantry regiment, 1666__ The surviving veterans sent to Crete by Carlo Emanuele third since1660 formed at the end of war a company in the Duke's Guards regiment. The iconographic sources related to the infantry from Piedmont-Savoy show a strong French influence about equipment and dress, which led to the adoption of a modern uniform consisting in a coat with facing colours. (After Domenico Guerrini, La Brigata Granatieri di Sardegna, Turin 1902 and A.M. Mallet, Les travaux de Mars ou l'Art de la Guerre, 1671)
__5: Musketeer of a Papal infantry regiment; ca. 1666__ Between 1660 and 1666 several changes occurred in male dress with the introduction of new styles from the Netherlands and France, but differences coexisted in the military corps for several years, especially in Italy. This Papal musketeer has been reconstructed after a Bolognese print dated 1700, in which the private soldiers wear very outdated clothing. (Entrata Solenne dell'Ill.mo Sig. Confaloniere di Giustizia in Bologna, engraving by Giuseppe Maria Mitelli, Anne S. K. Browne Collection, Rhode Island USA.)

TAVOLA E: LA MARINA OTTOMANA, 1645-69
1: Bey, comandante di galera I comandanti di marina turchi erano insigniti del titolo di *bey*, termine che ricorreva anche nelle marinerie barbaresche. Come i sopracomiti veneziani, anche i bey erano individuati dalle decorazioni sulle loro navi e l'elemento distintivo era rappresentato dalla copertura del castello di poppa. Il tessuto rosso con broccato dorato era riservato al kapudan pasha e ogni anno veniva sostituito, in quanto per tradizione si donava quello vecchio all'equipaggio. (*Turkish Navy Captain, Ottoman Costume*, 1667; Id. 81949; Wallach Collection, New York Public Library; pistola turca, fine XVII secolo, Askeri Museum, Istanbul)
2-4: topçu levend, artiglieria navale (*Combattimento fattosi dalle galeotte condotte dal capitano Ridolfi...*1664, incisione di Gaspar Bouttats; Anne S. K. Brown Collection, Rhode Island, USA)
5: azab di marina in alta tenuta (Codex Vindobonensis, ca. 1609; Vienna)
6: azab di marina in tenuta di combattimento (Ricostruzione da Mahmut Şevket Paşa; Osmanlı Askeri Teşkilatı ve Kıyafetleri, 1363-1876, vol. I; İstanbul, 1983)

PLATE E: OTTOMAN NAVY, 1645-69
__1: Bey; galley commander__ The Turkish navy commanders received the title of bey, a term used in Northern African navies also. Like Venetian sopracomiti, beys were identified by the decoration on their galleys stern. The characteristic distinctive was represented by the coverage on the galley quarterdeck. The red fabric with gold brocade was reserved to kapudan pasha and replaced every year, because the crew received traditionally the old one as present. (Turkish Navy Captain, Ottoman Costume, 1667, Id. 81949; Wallach Collection, New York Public Library; end 17th century Turkish pistol, Askeri Museum, Istanbul)

2-4: Topçu levend, naval artillerymen (Combattimento fattosi dalle galeotte condotte dal capitano Ridolfi...1664, engraving by Gaspar Bouttats; Anne S. K. Brown Collection, Rhode Island, USA)

5: Marine azab in full dress (Codex Vindobonensis, ca. 1609;Vienna)

6: Marine azab in combat dress (After Mahmut Şevket Paşa; Osmanlı Askeri Teşkilatı ve Kıyafetleri,1363-1876, vol. I; İstanbul, 1983)

TAVOLA F: I *CASTELLI*; 1650-62

1: **ufficiale dei sipahy-ulufely** (Ricostruzione dal Codex Vindobonensis, ca. 1609, Vienna; camicia di maglia di ferro della seconda metà del XVII secolo, Badishes Landesmuseum, Karlsruhe)

2: **çavusbasi, capo dei funzionari amministrativi** (*Chaousbashee, Ottoman Costume*, ca. 1667, Id. 811933; Wallach Collection, New York Public Library)

3: **artigliere serhaddkulu** (*Combattimento fattosi dalle galeotte condotte dal capitano Ridolfi*...1664, incisione di Gaspar Bouttats; Anne S. K. Brown Collection, Rhode Island, USA)

4: **fanteria serhaddkulu** (Ricostruzione da *Ottoman Costumes*, 1667, Id. 12502; Wallach Collection; New York Public Library e Księga Osmańskiego *Kostiumy*, ca. 1640-48; Biblioteka Narodowa, Varsavia)

PLATE F: THE CASTLES; 1650-62

1: Sipahy-ulufely officer (After Codex Vindobonensis, ca. 1609, Vienna; half 17th century mail coat, Badishes Landesmuseum, Karlsruhe)

2: Çavus, chief of administrative personnel (Chaousbashee, Ottoman Costume, ca. 1670, Id. 811933; Wallach Collection, New York Public Library

3: Serhaddkulu artylleryman (Combattimento fattosi dalle galeotte condotte dal capitano Ridolfi...1664, engraving by Gaspar Bouttats; Anne S. K. Brown Collection, Rhode Island, USA)

4: Serhaddkulu infantry. (After Ottoman Costumes, 1667, Id. 12502; Wallach Collection; New York Public Library and Księga Osmańskiego Kostiumy, ca. 1640-48; Biblioteka Narodowa, Warsaw)

TAVOLA G: *LEVEND E MENSUGAT*, 1650-69

1: *levend topçu odabasi*, **ufficiale dell'artiglieria navale** (Ricostruzione dal monumento funebre a Lazzaro Mocenigo, chiesa di San Lazzaro de' Mendicanti, Venezia e dal Codex Vindobonensis, ca. 1609; Vienna)

2: *levend*, **fante di marina anatolico**

3: *mensugat*, **miliziano di marina**

4: *levendi-rumi*, **fante di marina europeo** (Ric. da Mahmut Şevket Paşa; Osmanlı Askeri Teşkilatı ve Kıyafetleri, 1363-1876, vol. I; İstanbul, 1983)

PLATE G: LEVEND AND MENSGUAT; 1650-69

1: *Levend topçu odabasi*, **naval artillery officier** (After Lazzaro Mocenigo's monument, San Lazzaro de' Mendicanti, Venice and Codex Vindobonensis, ca. 1609; Vienna)

2: *Levend*, **Anatolian marine infantry**

3: *Mensugat*, **marine militiaman**

4: *Levendi-rumi*, **European marine infantry** (After Mahmut Şevket Paşa; Osmanlı Askeri Teşkilatı ve Kıyafetleri,1363-1876, vol. I; İstanbul, 1983)

▲ Le galee delle marinerie occidentali erano abbellite a poppa con elementi decorativi, comprendenti lo stemma del comandante o della provincia che le aveva armate. Quello raffigurato è un frammento della decorazione originale proveniente dalla galea del capitano generale da mar Lorenzo Marcello, come si vede dall'arma gentilizia: onda in banda d'oro (mar) su campo azzurro (cello).
(Salone degli avi di Ca'Marcello, Levada, Padova; con la cortese autorizzazione del dottor Jacopo Marcello)

The western navies galleys were embellished in the stern with decorative elements, including the commander or the province's coat of arms. In the photo is pictured the original decoration from captain general Lorenzo Marcello's galley, as seen in the coat of arms: gold wave (mar-sea) on azure-blue(cello-sky).

TAVOLA H

Le testimonianze relative alle insegne usate sulle navi ottomane confermerebbero l'uso molto vario di colori e simboli, tuttavia alcune particolarità appaiono tipiche per alcune marine. Una grande insegna rossa con tre crescenti al centro (1) apparteneva al kapudan pasha, che la issava a poppa; altre bandiere appartenute a legni turchi mostrano un singolo crescente bianco o giallo su fondo verde, oppure turchese (2), sempre che non si tratti di una perdita di pigmento del colore originale. Insegne bianche con fasce di vari colori (3) appartenevano più spesso alle unità mercantili turche. Bandiere verdi con i crescenti aperti o chiusi, oppure a fasce rosse, bianche e verdi (4-5) erano caratteristiche delle navi di Tripoli, mentre quelle bianche e rosse (6-7) appartenevano ai legni tunisini. Drappi rossi e verdi oppure rossi e gialli (8-9), specie con la spada zulfiqar, identificavano le navi di Algeri. Le bandiere raffigurate provengono in maggioranza dalla chiesa dei cavalieri di Santo Stefano a Pisa e molte di queste risalgono agli anni della guerra di Candia; le dimensioni sono variabili ma approssimativamente il battente misura sempre più di due metri. Assieme alle bandiere, tanto nell'esercito come nella marina, erano i tugh (11) a rivestire maggiore importanza per l'identificazione degli ufficiali. Il tugh raffigurato è custodito nel museo navale di Copenhagen, preda di guerra dell'ammiraglio Cort Adler, che combatté con i veneziani fra il 1658 e il 1659, e con ogni probabilità si tratta dell'unico esempio noto di tugh navale. La grande bandiera della Santa Croce (10) è citata più volte nelle fonti dell'epoca a proposito dell'insegna ammiraglia della marina pontificia; quella raffigurata è una ricostruzione sui modelli più comuni in uso nel XVII secolo. Le bandiere dell'ordine di Santo Stefano di Toscana (12) nel XVII secolo utilizzavano i colori e i simboli simili alle insegne venete e maltesi.

PLATE H

The evidences relating Ottoman naval flags confirm the various use of colours and symbols, but some peculiarities are more common than others. A large red flag with three white crescents (1) belonged to kapudan pasha, who hoisted it at the stern; other flags belonging to the Turkish warships shows white or yellow crescents on green or azure-turquoise (2), unless it could be a loss of pigment in the original colour. White flags with various coloured bands (3) belonged more often to the Turkish merchant ships. Green flags with open or closed crescents, or with red, white and green bands (4-5) were characteristic of Tripoli, while white and red (6-7) belonged to the Tunisian navy. Red and green flags or red and yellow (8-9), especially with the sword Zulfiqar, identified the units of Algiers. Several flags represented are preserved in the church of Santo Stefano's Knights in Pisa and many of these date back to the years of the Candian war. Sizes are variable but the flying is approximately more than two meters. Along with the flags, in the army as in the navy, were tugh (11) to be most important insignias for the officers identification. The tugh shown is preserved in the naval museum in Copenhagen, a war prey of the Admiral Cort Adler, who fought with the Venetians between 1658 and 1659 and is the only known example of naval tugh. The great banner of the Holy Cross (10) is mentioned many times in the sources as Pontifical navy flagship; the example shown is a reconstruction after most common insignia used in the seventeenth century. The flags hoisted on the galleys of the Santo Stefano order of Tuscany (12) had colours and symbols similar to Venetian and Maltese insignias.

▼ **Accessori e proiettili di artiglieria in un trattato militare veneziano del 1665**. La convinzione che la guerra di Candia non abbia portato contributi decisivi per lo sviluppo degli armamenti e delle tattiche di combattimento, è più apparente che sostanziale e ciò è in parte dimostrato dall'alto numero di opere a stampa apparse a Venezia in quegli anni. Anche se la città lagunare era nel XVII secolo uno dei maggiori centri dell'editoria in Europa, su 123 trattati scritti fra il 1600 e il 1699 oltre il 10 per cento fu stampato a Venezia. (Illustrazione dal *Trattato di Artiglieria di Tommaso Moretti, bresciano*; Venezia 1665)

Artillery accessories and projectiles of a Venetian 17th century military treaty. The belief that the war of Candia has not affected weapons development and combat tactics is more apparent than substantial, and this is partly demonstrated by the high number of printed works appeared in Venice. Although the lagoon city in the seventeenth century was one of the major publishing centers in Europe, out of 123 treatises written between 1600 and 1699 over 10 percent was printed in Venice.

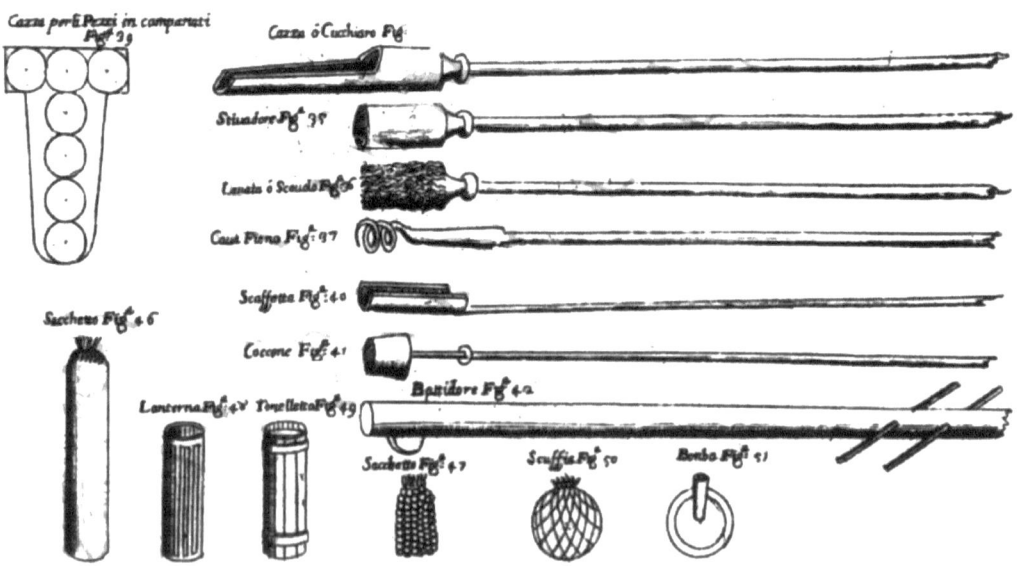

BIBLIOGRAFIA

- Fonti coeve:
BRUSONI, Girolamo: *Historia dell'Ultima Guerra tra Veneziani e Turchi*; Venezia, 1673.
CARTARI-FEBEI: *Vera Relatione del Successo seguito nell'Isole dell'Arcipelago tra l'Armate della Serenissima Republica di Venetia & Ottomana*; Effemeridi della cronaca anni 1646-1647, in Roma MDCXLVII.
"   " - "   " : *Vera Relatione delli felici Progressi dell'Armi della Serenissima Republica di Venetia, nel regno di Dalmazia*; Effemeridi della cronaca anno1648, in Roma MDCXLVIII.
"   " - "   " : *Lettera di Ragguaglio dell'Impresa del Volo*; Effemeridi della cronaca anni 1654-55, in Roma MDCLV.
"   " - "   " : *Ragguaglio della Vittoria Navale conseguita à Dardanelli dall'Armata della Serenissima Republica di Venetia*; Effemeridi della cronaca anno 1656, in Roma MDCLVI.
"   " - "   " : *Lettera di Ragguaglio del Combattimento tra l'Armata Veneta e la Turca à Dardanelli*; Effemeridi della cronaca anno 1657, in Roma MDCLVII.
NANI, Battista: *Historia della Repubblica Veneta*; Venezia 1679.
SANSOVINO, Francesco: *Venetia Città Nobilissima et Singolare*; Venezia, 1673.
SIRI, Vittorio: *Del Mercurio, overo Historia de' Correnti Tempi*; Casale, 1667.
VALIERO, Andrea: *Historia della Guerra di Candia*; Venezia, 1679.

- Storia militare, Venezia e l'Occidente:
BIGGE, Col.: La guerra di Candia negli anni 1667-69; Torino, 1901.
BILOTTO, A. DEL NEGRO, P. MOZZARELLI, C. (a cura di): *I Farnese: corti, guerra e nobiltà in antico regime*, Bulzoni, Roma 1997.
BRADFORD, Ernle: Storia dei Cavalieri di Malta: lo scudo e la spada; Milano, 1998
BRUNELLI, Giampiero: Soldati del Papa. Politica militare e nobiltà nello Stato della Chiesa, Roma 2003.
CANALE, Cristoforo: Della Milizia Marittima, libri quattro trascritti e annotati da Mario Nani-Mocenigo; Venezia, 1928.
CANDIANI, Guido: I Vascelli della Serenissima. Guerra, politica e costruzioni navali a Venezia in età moderna, 1650-1720; Istituto Veneto di Scienze, Venezia 2002.
CASINI, Matteo: *Immagini dei Capitani Generali da Mar a Venezia in età barocca*; in: "Il Perfetto Capitano, immagini e realtà"; Bulzoni, Roma 2001.
DALMASSO, Gian Luigi: I Piemontesi alla guerra di Candia (1644-1669); Torino, 1906.
DEL NEGRO, Piero: *La politica militare di Venezia e lo 'Stato da Mar' nel Sei-Settecento*, in: Studi Veneziani. Nuova Serie 39; Venezia 2000.
"   " , "   " : *Il leone in campo: Venezia e gli oltramarini nelle guerre di Candia e di Morea*, in: "Mito e antimito di Venezia nel bacino adriatico (secoli XV-XIX)" Atti del 1° convegno italo-croato; Venezia, Fond. Giorgio Cini, 11-13 novembre 1997.
"   " , "   " : *Il tramonto della tradizione militare italiana: il caso veneziano tra Sei e Settecento*, in atti del seminario "Lo Spirito Militare degli Italiani"; Padova, 16-18 novembre 2000; Del Negro, Padova 2002.
ERCOLE, Guido: Duri i banchi! La navi della Serenissima; Trento, 2006.
NANI-MOCENIGO, Mario: Storia della marina veneziana, Roma, 1935.
PEZZOLO, Luciano: *Stato, Guerra e Finanza nella Repubblica di Venezia fra Medioevo e Prima Età Moderna*; in atti della conferenza "Navies and State Formation"; Volos, 9-12 settembre 2004.
de' QUINCY, Marquise: Histoire Militaire du Regne de Louis le Grand Roy de France, vol I; Paris, 1726.
RAHLENBECK, Charles: Gilles de Haes; Gand, 1854.
SICHART, Ludwig: Geschichte der Hannoverschen Armée, voll. I-IV, Hannover, 1866-71.
SUSANE, Gen.: Histoire de l'Infanterie Française, voll. I-V; Paris, 1876.
STAUDINGER: Geschichte des Bayerischen Heeres; voll. I-III; München, 1901-08.
TESSIN, Georg: Die Regimenter der Europäischen Staaten im Ancien Regime des XVI bis XVIII Jahrhunderts, parte I: die Stammlisten; Biblioverlag, Osnabrück, 1986.

- Storia militare, l'Impero Ottomano:
ANDERSON, R.C., Naval Wars in the Levant, 1559-1853; Martino Publishing, Mansfield Center, Connecticut, 2005.
BRIOT, M., Histoire de l'Etat Présent de l'Empire Ottomane ; Amsterdam, 1678.
CEVAD Ahmed Beg, Etat Militaire Ottoman depuis la Fondation de l'Empire jusqu'à nos jours ; Istanbul, 1882.
GOFFMANN, Daniel: The Ottoman Empire and Early Modern Europe ; Cambridge University Press, Cambridge, 2004.
GUER, Jean, Moeurs et Usages des Turcs; Paris, 1747.
HAMMER, Johann: Histoire de l'Empire Ottoman, Voll. X-XI; Paris, 1837.
MANTRAN, Robert: L'Empire Ottoman du XVI au XVIII siècle; Fayard, Paris, 2005.
MARSIGLI, Luigi Ferdinando: Stato Militare dell'Imperio Ottomano; voll. I-II, Amsterdam, 1732.
MURPHEY, Rhoads: Ottoman Warfare, 1500-1700; UCL Press, London, 1999.
PANZAC, Daniel: *La Géostratégie navale de l'Empire Ottoman*, in "Annali di Storia Militare Europea – 2: Mutazioni e permanenze nella storia navale del Mediterraneo, secc. XVI-XIX" a cura di Guido Candiani e Luca Lo Basso; Franco Angeli, Milano 2010.
"   " , "   " : Histoire économique et sociale de l'Empire Ottoman et de la Turquie (1326-1960), Paris, Peeters, 1995.
ZYGULSKY, Zdislaw: Ottoman Art in the Service of Empire; New York University Press, 1991.

- **Saggi e fonti documentarie principali:**
AA.VV.: Venezia e la difesa del Levante, catalogo dell'esposizione del 1986; L'Arsenale Editrice, Venezia, 1986.
BLACKMORE, S. T. David: Warfare on the Mediterranean in the Age of Sail, 1571-1866; McFarland, 2011.
BOTTA, Carlo: Storia d'Italia; Paris, 1832.
BOMBACI, Alessio, SHAW, Stanford J.: L'Impero Ottomano, in Nuova Storia Universale dei popoli e delle civiltà, vol. VI, parte II; Torino, UTET, 1981.
CAMPOROTA, Buonaventura: Vita di Francesco Morosini Peloponnesiaco, doge di Venezia; Napoli 1865.
DUFFY, Christopher: Fire and Stone: the Science of Fortress Warfare 1660-1860; Newton Abbot, London, 1975.
"   " , "   " : Siege Warfare: the Fortress in the Early Modern World 1494-1660; Routledge, London, 1979.
FAROQHI, Suraiya N. (a cura di): The Later Ottoman Empire; Cambridge University Press; Cambridge, 2006.
GLETE, Ian, Warfare at Sea, 1500-1650; Routledge, London, 2000.
GUILMARTIN, John: Gunpowder and Galley; Cambridge, 1974.
KOHLHAAS, Wilhelm: Candia 1645–1669. Die Tragödie einer abendländischen Verteidigung mit dem Nachspiel Athen 1687; Biblio-Verlag, Osnabrück, 1978
LO BASSO, Luca: Uomini da remo. Galee e galeotti del Mediterraneo in età moderna; Miliano, 2003.
"   "   "   " : A vela e a remi. Navigazione, guerra e schiavitù nel Mediterraneo (secc. XVI-XVIII); Ventimiglia, 2004
PEDANI FABRIS, Anna Maria (a cura di): I 'documenti turchi' dell'Archivio di Stato di Venezia, con l'edizione dei regesti di Alessio Bombaci; Venezia, 1994.
ORTALLI, Gherardo (a cura di): Venezia e Creta, atti del convegno internazionale di studi; Iraklion-Chanià, 30– settembre 5 ottobre 1997; Istituto Veneto di Scienze, Lettere a Arti, Venezia, 1998.
ROMANIN, Samuele: Storia documentata di Venezia; Venezia, 1858.
PRETO, Paolo: *Un aspetto sconosciuto del conflitto Veneto-Turco in Dalmazie e in Levante: la guerra chimica e batteriologica*; in «Studi Storici Militari» 1999.
SETTON, Kenneth Meyer, Venice, Austria and the Turks in the Seventeenth Century; Diane Publishing, Philadelphia, 1991.
TRECCANI degli ALFIERI, Giovanni: Storia di Brescia; Morcelliana, Brescia, 1963.
VALENSI, Lucette: Venezia e la Sublime Porta; Il Mulino, Bologna, 1991.
ZORZI, Alvise: La Repubblica del Leone; Rusconi, Milano, 1979.

Forza numerica delle flotte nelle campagne dal 1645 al 1657:

		1645	1646	1647	1648	1649	1650	1651	1652	1653	1654	1655	1656	1657
Veneziani e ausiliari*:	*galee*	61*	48*	52*	24	28	28	28	28	22	22	24	31*	24
	galeazze	4	4	4	5	6	6	6	6	6	6	6	7	7
	navi a vela	36	24	29	27	25	24	27	22	21	18	25	29	20
Ottomani:	*galee*	75	55	65	40	72	52	53	60	60	62	60	61	61
	maone	?	6	6	5	10	6	6	4	5	4	8	9	10
	navi a vela	40**	?	37	25	20	19	55**	18?	34	34	36	28	28

* * compresi i trasporti e i mercantili.

Forza numerica dalle flotte nelle campagne dal 1658 al 1669:

		1658	1659	1660	1661	1662	1663	1664	1665	1666	1667	1668	1669
Veneziani e ausiliari*:	*galee*	36*	37*	35*	28*	35*	24	24	25	16	45*	30*	23*
	galeazze	6	6	6	6	6	6	6	5	5	6	6	6
	navi a vela	22*	24	30	20	18	15	10	7	35	5	10	8
Ottomani:	*galee*	50?	50	50?	70	60	35	36	30	38	38?	36	36?
	maone	8	10	10?	?	?	?	8	9	8	?	?	?
	navi a vela	27	30	29	?	17	?	18	18	34**	39**	20	24

* * **Compresi i trasporti e i mercantili.** Fonti: Brusoni, Valiero, Nani Mocenigo, von Hammer-Purgstall.

Nella campagna del 1669 furono presenti da giugno 15 vascelli e 13 galee francesi.